Ahmed Sadouki (Hg.)
Das Handbuch der Handelsgüter

Ahmed Sadouki (Hg.)

Das Handbuch der Handelsgüter
oder
at-Tabaṣṣur bi-t-Tiǧāra
des Abū ʿUṯmān ʿAmr ibn Baḥr al-Ǧāḥiẓ

In einer Übersetzung aus dem Arabischen
mit einer Einleitung, Fußnoten und Registern

KS
KLAUS SCHWARZ VERLAG • BERLIN

Bibliografische Information der Deutschen Bibliothek
Die Deutsche Bibliothek verzeichnet diese Publikation in der Deutschen Nationalbibliografie; detaillierte bibliografische Daten sind im Internet über *http://dnb.ddb*.de abrufbar.

www.klaus-schwarz-verlag.com

Erstausgabe
1. Auflage
Herstellung: J2P Berlin
Gedruckt auf chlorfrei gebleichtem Papier
Printed in Germany
ISBN 978-3-87997-418-4

Inhaltsverzeichnis

Danksagung 7

Einleitung des Übersetzers 9

Das Handbuch der Handelsgüter 17

Vorwort des Autors 17

Kenntnis von Gold und Silber
und wie man sie prüft 18

Was als wertvolle Juwelen betrachtet wird,
wie man sie erkennt und ihren Wert bemisst 19

Kenntnis von Parfümen,
Essenzen und Wohlgerüchen 23

Kenntnis von Stoffen und welche als vorzüglich
betrachtet werden 24

Über Habichte, Wanderfalken, Sperber, Sakerfalken
und andere Greifvögel 28

Was aus fremden Ländern bezogen wird
an seltenen Waren, Gebrauchsgegenständen,
Sklavinnen, Steinen und anderes 29

Ein weiteres Kapitel 35

Bibliographie 37

Thesaurus deutsch-arabisch 42

Glossar 45

Bildnachweis 52

Endnoten 53

Danksagung

An dieser Stelle möchte ich Frau Dr. Kathrin Müller, wissenschaftliche Mitarbeiterin der Kommission für Semitische Philologie an der Bayerischen Akademie der Wissenschaften, für ihre Hilfsbereitschaft, ihre wertvollen Anmerkungen und Korrekturen meinen ganz besonderen Dank aussprechen.

Mein herzlicher Dank gilt gleichermaßen Herrn Ulrich Heinemann, Regierungsdirektor a.D., für wiederholtes und geduldiges Korrekturlesen.

Königsbrunn, im Mai 2012
Ahmed Sadouki

Einleitung des Übersetzers

Der arabische Text von *at-Tabaṣṣur bi-t-tiğāra*, auf dem die folgende deutsche Übersetzung beruht, wurde im Jahre 1966 von Ḥasan Ḥusnī ʿAbdalwahhāb in Beirut veröffentlicht und 1983 in zweiter Auflage nachgedruckt. Dieser Text erschien erstmals in der Revue de l'Academie Arabe de Damas (RAAD 12, 1932, Nachdruck Kairo 1935).[1] Die Schrift ist Teil einer umfangreichen Handschriftensammlung, die sich in der Bibliothèque Nationale de Tunisie (Maktabat Sūq al-ʿAṭṭārīn) in der Hauptstadt Tunis befindet. Als Autor des Textes nennt der Herausgeber Abū ʿUṯmān ʿAmr ibn Baḥr al-Ǧāḥiẓ, einen der bekanntesten und bedeutendsten Autoren der islamischen Welt seiner Zeit.

Von den vielen Werken, die von dem enormen Wissen und der unermüdlichen Schaffenskraft von al-Ǧāḥiẓ zeugen, sind uns heute nur noch einige wenige erhalten. Sein wohl bekanntestes Werk ist das siebenbändige *Kitāb al-Ḥayawān* (Buch der Tiere). Dessen Titel ist jedoch irreführend, denn es handelt sich nicht um eine zoologisches Abhandlung, sondern es ist ein auf Tiere bezogenes Sammelwerk aus Theologie, Metaphysik, Soziologie und anderen Wissensbereichen jener Zeit. Ebenso enthalten sind darin Anekdoten, Kurzbiographien, Gedichte und Geschichten.[2]

Von den über zweihundert Werken, die al-Ǧāḥiẓ zugeschrieben werden, sind uns heute noch ungefähr dreißig vollständig und weitere fünfzig teilweise erhalten geblieben. Der Rest scheint unwiederbringlich verloren zu sein.[3]

Der Verfasser

Abū ʿUṯmān ʿAmr ibn Baḥr al-Kinānī al-Baṣrī, genannt al-Ǧāḥiẓ, ist zwischen den Jahren 767 und 776 n. Chr. in der Stadt Baṣra, im heutigen Irak, zur Welt gekommen. Seinen Spitznamen al-Ǧāḥiẓ, was wörtlich „der Glotzäugige" bedeutet, erhielt er wegen seiner Augen, die stark aus seinem Gesicht hervortraten. Seine Hautfarbe

war sehr dunkel, denn sein Großvater war ein Schwarzer.[4] Sonst ist kaum etwas über seine Kindheit bekannt, außer dass schon sehr früh sein heller Geist und seine große Begabung zum Vorschein getreten sind.

Al-Ǧāḥiẓ wächst in einer Stadt auf, die noch sehr jung ist. Die Stadtmauern und Gräben von Baṣra werden erst im Jahre 771 n. Chr. fertiggestellt.[5] Doch die Stadt ist zu diesem frühen Zeitpunkt bereits sehr reich, und die verschiedenen Gesellschaftsschichten leben dort deutlich voneinander abgegrenzt. Ganz oben in der Rangordnung stehen die arabischen Eroberer. Nach ihnen kommen die nichtarabischen Muslime, gefolgt von den Angehörigen der beiden Buchreligionen, Juden und Christen. Ganz unten in der Gesellschaft stehen die Sklaven. Eine durch den Reichtum der Stadt hervorgebrachte parallele Gesellschaftsordnung ist jene, die zwischen einer rein arabischen Aristokratie und einer Bourgeoisie unterscheidet, der Araber, Nichtaraber, Muslime und Nichtmuslime angehören. Danach kommt das Volk und wiederum ganz unten stehen die Sklaven.

Trotz seiner bescheidenen Herkunft genießt al-Ǧāḥiẓ eine hervorragende Ausbildung. Sein Wissen erwirbt er sich sowohl durch theologische Diskussionen vor den Moscheen, philologische Streitgespräche auf den öffentlichen Plätzen wie auch durch die Besuche von Lesungen in Philologie, Lexikographie und Dichtung der gelehrtesten Männer seiner Zeit, namentlich al-Aṣmaʿī, Abū ʿUbaida und Abū Zaid.

Al-Ǧāḥiẓ' Gelehrsamkeit und sein scharfer Verstand verschaffen ihm bald Zutritt in die exklusiven Kreise der Muʿtazila[6] und in die feinen Salons der Bourgeoisie. Einige seiner Schriften bringen ihm sogar die Anerkennung des Kalifen al-Ma'mūn[7] ein. Infolgedessen verbringt al-Ǧāḥiẓ längere Abschnitte seines Lebens in der Nähe des Hofes in Bagdad, wo er den Kontakt zu hochrangigen Beamten pflegt.

Über seine Einkünfte und aus welchen Mitteln er seinen Lebensunterhalt in Baṣra bestreitet, weiß man so gut wie nichts. Al-Ǧāḥiẓ hat einen ausgeprägten Hang zur Selbständigkeit und Unabhängigkeit. Für eine geregelte, amtliche Verwaltungstätigkeit ist er daher wenig geeignet.[8] Aus seiner Zeit in Bagdad ist bekannt, dass er für kurze Zeit die Leitung der „Kanzlei für den Schriftverkehr"[9] von Ibrāhīm ibn ʿAbbās aṣ-Ṣūlī[10] übernimmt. Doch bereits nach drei Tagen wird er seines Amtes enthoben. Einen Großteil der Mittel, die zur Sicherung seines Lebensunterhalts beitragen, dürfte Ǧāḥiẓ mit Lehrtätigkeiten verdient haben. Aus seinen eigenen Aufzeichnungen ist eine Anekdote bekannt, wonach ihn al-Mutawakkil[11] unter dem Vorwand, dass sein unansehnliches Erscheinungsbild dessen Kinder abstoßen würde, aus dem Lehrdienst entlässt. Außerdem dürften von ihm verfasste Bücher und Schriften, die er wohlhabenden Gönnern widmet, ebenfalls zu seinen Einkünften beigetragen haben.

Al-Ǧāḥiẓ stirbt hochbetagt und nach langer Krankheit im Dezember 868 oder Januar 869 n. Chr. in seiner Geburtsstadt Baṣra, in die er gegen Ende seines Lebens zurückgekehrt war.

Zum Traktat

1954 veröffentlichte Charles Pellat in Arabica I, 153–165, unter dem Titel *„Ǧāḥiẓiana, I: Le kitāb al-Tabaṣṣur bi-l-Tiǧāra attribué à Ǧāḥiẓ"* die französische Übersetzung des Textes.
In der Einleitung schreibt Pellat:[12]

> „Da sie (die *risāla*) nicht in der Liste der Werke von Ǧāḥiẓ erscheint, hat sich der Herausgeber, und nach

ihm P. Anastase al-Karmalī,[13] [...], über ihre Echtheit Fragen gestellt, doch beide haben positiv geantwortet. P. Anastase ist sogar soweit gegangen zu behaupten, dass der ‚ǧāḥiẓsche Odem (*nafas*) in jedem Wort, das er ausspricht, zum Vorschein kommt'. Diese Behauptung ist unbegründet, denn die einfache Lektüre des Textes führt genau zu einer entgegengesetzten Schlussfolgerung: man erkennt darin keineswegs den Stil von Ǧāḥiẓ, der, nebenbei gesagt, nicht im Stande ist, sich im Zaum zu halten und einem strengen Plan zu folgen, persische Wörter nur dann benutzt, wenn es gar nicht anders geht, und der, letztendlich, überhaupt keine Befähigung besitzt, das Thema Handel zu behandeln, geschweige denn Luxusprodukte, -gegenstände und -tiere. Eine Hypothese sei gestattet: wenn man den Namen Ǧāḥiẓ erhalten will, muss man annehmen, dass er, beauftragt von einer der hohen Persönlichkeiten, mit denen er in Verbindung stand, eine Abhandlung über Handel mit Luxusgütern zu verfassen, sich an einen Experten gewandt hat – wahrscheinlich iranischer Herkunft – und aus dessen Mund, vielleicht sogar unter dessen Diktat, die Auskünfte sammelte, die er brauchte, um seine Aufgabe zu erfüllen. Es würde sich also um eine in ihrer Art unpersönlich präsentierte Untersuchung handeln, mit nur einigen Zeilen, die wirklich aus Ǧāḥiẓ' Feder entstammen. Diese Hypothese stützt sich auf die Verwendung der Phrase: *qāl al-ḥakīm*, in der Ḥ. Ḥ. ʿAbdalwahhāb das Mittel hat sehen wollen, das Ǧāḥiẓ benutzt hat, um sich persönlich zu bezeichnen, die aber in Wahrheit einfach dazu diente, die Rede des Experten einzuleiten.

Der Zweifel, der noch immer an der Echtheit dieses kleinen Werkes besteht, vermindert erheblich seinen dokumentarischen Wert. Da es weder mit Sicherheit zu datieren noch zu lokalisieren ist, liefert es kein einigermaßen solides Fundament, um einen historischen

> Kommentar zu erarbeiten. Dennoch scheint es genug Bedeutung behalten zu haben, um eine schnelle Übersetzung zu rechtfertigen, die hier vorgelegt wird mit allen in solchen Fällen nötigen Vorbehalten [...]."

Soweit Pellat.

In Der Islam 2 (1911), 345–58 veröffentlichte Eilhard Wiedemann einen Artikel mit dem Titel: „Über den Wert von Edelsteinen bei den Muslimen." Der Artikel, der, und das muss hier vorausgeschickt werden, in Bezug auf Wertschätzung, Güte, Gewicht und Preis von Edelsteinen einige Übereinstimmungen mit dem Kapitel „Was als wertvolle Juwelen betrachtet wird [...]" unserer Schrift aufzeigt, stützt sich auf drei Werke: erstens auf das Werk *Azhār al-afkār fī ǧawāhir al-aḥǧār* von at-Tīfāšī;[14] zweitens auf das Werk *Nuḫab ad-daḫā'ir fī aḥwāl al-ǧawāhir* von al-Akfānī;[15] drittens und hauptsächlich auf das Werk *Kitāb al-ǧamāhir fī ma'rifat al-ǧawāhir* von al-Bīrūnī.[16] Leider nennt der Autor in seinem Artikel keines dieser Werke namentlich, erwähnt jedoch auf S. 345 Fn. 2:

> „Al Akfânî (*1348, vgl. Brockelmann I 495) hat ein Werk über die Edelsteine verfasst, das von L. Cheikho (*Machriq* II 751, 1908) publiziert worden ist. Eine Übersetzung der Schrift beabsichtige ich demnächst zu publizieren."

Wegen der Wirren der folgenden Jahre scheint es nicht dazu gekommen zu sein.

Bevor Wiedemann auf die Abschnitte von al-Bīrūnī eingeht, in denen die einzelnen Steine behandelt werden, gibt er uns noch einen Hinweis auf ein weiteres Werk. Er schreibt:

> „Einige interessante Angaben über die Preise von Perlen und Edelsteinen finden sich auch in einem kleinen 1318 in Cairo in der Muajjad-Druckerei gedruckten, höchst merkwürdigen Büchlein über die Schönheiten des Handels (Kitāb el-Ischāra ilā Maḥāsin el-Tiǧāra). Es stammt nach Prof. Becker vermutlich aus dem Ende der Fatimidenzeit und ist namentlich für die Wirt-

schaftstheorien der Araber von Interesse. Er hofft bald einmal Näheres darüber mitteilen zu können."

1916 veröffentlicht Helmut Ritter in Der Islam 7 (1917), 1–92 oben erwähntes „Büchlein" in Übersetzung unter dem Titel: Ein arabisches Handbuch der Handelswissenschaft. Ritter schreibt darin auf Seite 2:

> „Der Titel dieses Buches lautet: *Kitāb al-išāra ilā maḥāsin at-tiǧāra wa maʿrifat ǧajjid al-aʿrāḍ wa radīʾihā waġušūš al-mudallisīn fīhā.* (Das Buch des Hinweises auf die Schönheiten des Handels und die Kenntnis der guten und schlechten Waren und die Fälschungen der Betrüger an ihnen.) [...] Über den Verfasser, Scheiḫ abū l-Faḍl Ǧaʿfar b. ʿAlī ad-Dimašqī[17] ist noch nichts bekannt. Daher fehlt auch jede Nachricht über die Abfassungszeit des Buches. Doch lässt sich [...] sein Alter [...] ungefähr bestimmen. Terminus ad quem ist das Jahr 570/1174 [...]. Die Mitte des dritten Jahrhunderts ist auch die Todeszeit der beiden spätestens vom Verfasser zitierten Autoren: Al-Ǧāḥiẓ (um 255)[18] und Al-Kindī (um 255)."[19]

Auf Seite 20–21 schreibt Ritter weiter:

> „At-Taʿālibī[20] zitiert in den *Laṭāʾif al-maʿārif* (ed. de Jong) S. 128,6 das *K. at-tabaṣṣur fī-t-tiǧāra* des Ǧāḥiẓ. Das Zitat lautet folgendermaßen: ‚Die besten Filze sind die chinesischen, dann die roten maghribinischen, dann die weißen taliqanischen',[21] und die Fortsetzung: ‚Und es sagt ein anderer: Die beste Wolle ist die aus Ägypten, dann die aus Armenien usw.', es beweist, daß Al-Ǧāḥiẓ nicht der einzige war, der solche ‚Bücher über den Handel' geschrieben hat. Daß dieser sich übrigens auch sonst für den Handel interessierte, geht aus seiner *risāla fī madḥ at-tuǧǧār wa ḏamm ʿamal as-sulṭān* (Maǧmūʿat ar-rasāʾil, Kairo 1324 S. 155)[22] hervor."

Wenn nicht bereits geschehen, so belegen die von Ritter zitierte Stelle sowie die wortgleiche Stelle im *Ṯimār al-qulūb* auf Seite 544 sowohl die Urheberschaft von al-Ǧāḥiẓ als auch die Echtheit der Schrift. Außerdem ist sie nun zeitlich einzuordnen.[23]

Exkurs

In Der Islam 50 (1973) schreibt Werner Diem auf den Seiten 145–146 seines Artikels „Untersuchung zu Technik und Terminologie der arabisch-islamischen Türschlösser":

> „Daß Schlösser im Mittelalter aus Byzanz in den Orient eingeführt wurden, geht auch aus einer Stelle in dem Ǧāḥiẓ zugeschriebenen, aber nach Urteil von Ch. Pellat von ihm nicht verfassten, sondern höchstens in Auftrag gegebenen *Kitāb at-tabaṣṣur fi-t-tiǧāra* hervor, die Pellat in seinen *Ǧāḥiẓiana* [...] so übersetzt hat: „On importe de l'Inde: [...]. De Chine: [...]. Du pays des Byzantins: [...], des serrures inviolables." Der Wert dieser Stelle wird allerdings durch zwei Einschränkungen beeinträchtigt. Eine davon ist die bereits erwähnte Unsicherheit, ob der Traktat wirklich von Ǧāḥiẓ verfasst worden ist [...]. Die zweite Einschränkung ist eine textkritische: Der [...] Text lautet [...] *wa-yuǧlabu mina ṣ-Ṣīni* [...] *wa-yuǧlabu min awānī l-fiḍḍati wa-ḏ-ḏahabi* [...] *wa-aqfālun muḥakkamatun*; von Byzanz ist nicht die Rede. [...]. Unter diesem Vorbehalt und unter dem der unsicheren zeitlichen Einordnung kommt der Textstelle große Bedeutung zu, weil sie bestätigt, daß die Wanderung der Metallschlösser von Westen nach Osten verlief [...]."

Der Vorbehalt der zeitlichen Einordnung kann an dieser Stelle durch weiter oben erwähnte Belege entkräftet werden.

Was erstgenannten Vorbehalt angeht, so lautet der arabische Text der Ausgabe Beirut:

ويجلب من أواني الفضة والذهب
والدنانير الخالصة القيسرانية [...] والأقفال المحكمة

wa-yuǧlabu min awānī l-fiḍḍati wa-ḏ-ḏahabi wa-d-danānīra l-ḫāliṣati al-qaisarānīyati [...] *wa-l-aqfāla l-muḥkama* ...

Mit der Übersetzung: „und man bezieht an Silber- und Goldgeschirr und reinen Gold*dīnāren* die byzantinischen, [...], sowie stabile Vorhängeschlösser ...“, kann nun auch die textkritische Einschränkung abschließend aufgehoben werden.

Das Handbuch der Handelsgüter

Vorwort des Autors

Du fragtest mich danach, möge Gott dir Ehre zuteil werden lassen, was in fremden Ländern als elegant erachtet wird, was dort als hochwertig geschätzt wird, was kostbar ist und was edle Juwelen sind, damit dies ein Unterrichtsgegenstand für denjenigen sei, der bereits Erfahrungen im Handel gesammelt hat, und eine Hilfe für den, der die verschiedenen Arten von Gewinn und Forderungen noch erprobt. Ich nenne es das „Buch des tiefen Einblicks" *Kitāb at-Tabaṣṣur*. Möge Gott meinem Unternehmen Erfolg bescheiden.

Diejenigen, die schon lange vor uns zu Wohlstand und Reichtum gelangt sind, behaupten, dass alles Vorhandene allein schon dadurch wertlos ist, dass es vorhanden ist. Wertvoll wird eine Sache nur dadurch, dass man sie in dem Augenblick, da man ihrer bedarf oder sie begehrt, nicht hat.

Die Byzantiner (*ar-rūm*) sagen: Wer in einem Land zu keinem Wohlstand gelangt, soll in ein anderes ziehen.

Die Inder (*al-hind*) sagen: Es gibt nichts, was nicht an Wert verliert, je mehr es davon gibt, außer Verstand. Je mehr davon vorhanden ist, desto wertvoller ist es.

Die Nichtaraber (*al-ʿağam*) sagen: Wenn euch ein Handel keinen Gewinn einbringt, lasst von ihm ab und betreibt einen anderen. Und wer in einem Land zu keinem Wohlstand gelangt, soll in ein anderes ziehen.[24]

Die Perser (*al-furs*) sagen: Wer auf allen Märkten Gewinn erzielen will, sollte Waren verkaufen, die dort guten Absatz haben.

Die Araber (*al-ʿarab*) sagen: Erblickt ihr den Mann, dem das Glück gewogen ist, so haftet euch an ihn, denn er zieht den Wohlstand an.

Ein sehr wohlhabender Mann wurde einst gefragt: Wie bist du zu deinem Reichtum gekommen? Er antwortete: Niemals habe ich jemanden bei mir anschreiben lassen; bei keinem Geschäft war mir ein Gewinn je zu gering; und nie habe ich auch nur einen *dirham*[25] eingenommen, ohne ihn nicht gleich wieder in mein Geschäft zu investieren.

Es heißt: Kauft nichts, was ihr nicht benötigt, so dass ihr nicht bald das verkaufen müsst, was ihr nicht entbehren könnt.

Ein Weiser behauptet, dass in den Geboten (*waṣīya*) der Perser Folgendes geschrieben steht: „O Mensch, zwischen dir und dem Land, in dem du lebst, besteht keine Blutsverwandtschaft. So ist das beste Land für dich das, welches für dich geeignet ist. Die beste Zeit ist jene, die dir Glück verleiht. Der beste Mensch ist jener, der dir nützt und Gutes tut. Das beste Wasser ist jenes, das deinen Durst löscht. Das beste Reittier ist jenes, das dich trägt. Das beste Kleid ist jenes, das deine Blöße bedeckt. Das beste Geschäft ist jenes, das dir Gewinn einbringt. Das beste Wissen ist jenes, das dich auf den rechten Pfad leitet. Doch die allerschönste Sache überhaupt ist jene, an der du Gefallen findest, sollte sie auch hässlich sein.

Es heißt ferner: Das beste Handwerk ist die Herstellung von Wollseidenstoffen (*ḫazz*)[26] und die beste Handelsware ist Stoff (*bazz*).

Kenntnis von Gold und Silber und wie man sie prüft

Der Weise[27] sagt: Die Menschen mögen Gold (*ḏahab*),[28] ob als Barren (*sabīkahū*)[29] oder in anderer Form. Sie mögen die Farbe des Goldes, glimmend wie Feuer, strahlend wie Sonnenlicht oder blutrot wie Schwefel (*kabrīt*).[30] [31] Die Anziehungskraft des Goldes ist seit jeher ungebrochen, denn ihm kann weder die Bosheit des Blasebalgs (*kīr*)[32] noch der Zahn der Zeit etwas anhaben.

Es heißt, Gold sei deshalb so kostbar, weil sich seine Eigenschaften kaum verändern. Im Gegenteil – Anmut und Schönheit nehmen mit dem Alter zu. Alles nimmt ab, wenn man es benutzt oder vergräbt, außer Gold, denn es vermindert sich überhaupt nicht.

Die besten *dīnāre*[33] sind die alten, rötlichen, mit einem leichten Stich ins Grüne. Die Vorfahren behaupten, dass die Echtheit eines *dīnārs* durch seine Hafteigenschaften an Haupt- und Barthaar überprüft werden kann und dass er nur sehr schwer an beiden haften bleibt. Den gefälschten *dīnār* (*nabahraǧ*) erkennt man an seinem zu leichten oder zu schweren Gewicht.

Man behauptet, dass das beste Gold das natürlich gewonnene (*ʿiqyān*)[34] ist, und das beste Silber (*fiḍḍa*)[35] ist das geläuterte (*luǧain*).[36] Reines Silber ist süß im Geschmack, gefälschtes Silber schmeckt bitter, rostig. Der gefälschte *dirham* hat einen salzigen Geschmack und klingt wie eine Glocke, reines Silber aber hat einen klaren, durchgehenden Klang. Wenn man es im Mund behält, wirkt Silber durststillend.

Was als wertvolle Juwelen betrachtet wird, wie man sie erkennt und ihren Wert bemisst

Man behauptet, dass man das Wesen und die Qualität einer Perle (*luʾluʾ*)[37] an zwei Geschmacksrichtungen erkennt. Ist der Geschmack süßlich, so stammt die Perle aus dem Oman (*ʿumānī*), ist er jedoch salzig, so stammt sie aus dem Roten Meer (*qulzumī*). Beide Arten von Perlen sinken im Wasser zu Boden. Hergestellte (künstliche) Perlen (*maʿmūl*) haben einen bitteren Geschmack und sind etwas fettig. Sie sind leicht und schwimmen im Wasser an der Oberfläche.

Es wird behauptet, dass, wenn im Inneren der Perle ein Wurm (*dūda*) ist, sie sich beim Lutschen und in der Hand warm anfühlt, wegen eben diesem inneren Fehler (*ʿilla nafsānīya*). Ist in der Perle jedoch kein Wurm, dann fühlt sie sich beim Lutschen und in der Hand kalt an. Auf diese Art und Weise lassen sich Perlen prüfen.

Die Küstenbewohner (*baḥrīyūn*) behaupten, dass man die großen und mehrfarbig schimmernden Perlen in einen frischen, aufgeschnittenen Fettschwanz (*alya*)[38] eines Schafes wickeln, sie in einen Teig legen und in einen sehr heißen Ofen (*tannūr*)[39] stellen muss.

Das führt dazu, dass die Perlen an Reinheit und Schönheit gewinnen und ihre Feuchtigkeit wiederkehrt (*yaʿūd ilaihī l-māʾ*);[40] wenn man sie mit Kampfer (*kāfūr*)[41] beräuchert, passiert das gleiche;[42] behandelt man sie jedoch mit Knochenmark (*muḫḫ al-ʿaẓm*) und Wassermelonensaft (*māʾ al-biṭṭīḫ*),[43] so bekommen sie einen klaren Schein.

Man unterscheidet zwischen der im inneren Muschelfleisch gewachsenen Perle (*laḥmī ǧauharī*) und der knochigen aus Perlmutt (*ṣadafī ʿaẓmī*) dadurch, dass die Perle aus dem Inneren eben aussieht und sich weich und glatt anfühlt, wohingegen die knochige rauh und uneben ist.

Die besten Perlen sind die klaren omanischen mit ebener Oberfläche. Sie sind sehr glatt und haben ein hervorragendes Rollverhalten (*tadaḥruǧ*).[44] Fänden sich zwei Perlen, die sich in Form und Gestalt sowie Farbe und Gewicht gleichen, würde dies ihren Wert erhöhen.[45] Die omanischen Perlen sind wertvoller als die Perlen aus dem Roten Meer, denn sie sind süß im Geschmack, rein und klar. Die Perlen aus dem Roten Meer schmecken etwas salzig und haben viele Makel.

Erst wenn ein korngroßes Exemplar (*ḥabba*) das Gewicht von ½ *miṯqāl*[46] erreicht, wird es Perle (*durra*)[47] genannt. Eine runde, gleichmäßig rollende Perle mit einem Gewicht von ½ *miṯqāl* hat einen geschätzten Wert von rund 1000 *miṯqāl* Gold.[48] Eine eierförmige (*baiḍīya*) hat einen geringeren Preis. Der Preis der Perlen steigt im Verhältnis zu ihrer Größe und ihrem Rollverhalten. Wenn eine Perle das Gewicht von 2 *miṯqāl* erreicht, kannst du, wenn du willst, 10.000 *dīnār* dafür verlangen, ja sogar 100.000 *dīnār*. Eine gleichmäßig rollende Perle mit solch einem Gewicht und solchen Eigenschaften ist unbezahlbar. Sie ist dann einzigartig (*farīda*). Je reiner und vollkommener eine Perle ist, desto teurer und wertvoller ist sie. Die Perle, die *al-yatīma*[49] genannt wurde, stammt aus dem Roten Meer. Es wird behauptet, dass sie ein Gewicht von 3 *miṯqāl* hatte.[50] Die kleinen Perlen (*lu'lu'*) heißen *marǧāna*.[51]

Der wertvollste Korund (*yāqūt*)[52] ist blutrot (*bahramānī*).[53] Ihm folgen der rosarote (*aḥmar muwarrad*)[54] und der hyazinthblaue (*āsmānǧūnī*).[55] Der Korund mit dem geringsten Wert ist der weiße (*abyaḍ*).[56]

Der Korund stammt aus den Bergen Sarandībs in Indien.[57] Echte Korunde lassen sich von hergestellten durch drei Eigenschaften unterscheiden: Das schwerere Gewicht, die Kälte im Mund, wenn man sie lutscht, und die Art, wie die Feile auf sie wirkt. Denn der Korund ist ein schwerer Stein, kalt im Mund, und ihn mit der Feile zu bearbeiten, ist langwierig. Der hergestellte Korund hat ein leichtes Gewicht, er ist warm, wenn man ihn lutscht, und er lässt sich mit der Feile schnell bearbeiten.

Der beste Korund ist der reine, klare und glänzende, unabhängig von der Farbe. Der Wert eines Korunds steht in direktem Verhältnis zu seiner Größe. Ein blutroter reiner Korund (*bahramānī*) mit einem Gewicht von ½ *miṯqāl* ist gut 5.000 *dīnār* wert.[58]

Die Gemme (*faṣṣ*) im Ring, der *al-Ǧabal*[59] (der Berg) genannt wurde, hatte ein Gewicht von 2 *miṯqāl* und wurde mit 100.000 *dīnār* bewertet. Abū Ǧaʿfar al-Manṣūr[60] hat sie für 40.000 *dīnār* erworben.[61] Eine Gemme aus hyazinthblauem Korund (*āsmānǧūnī*) hat in etwa einen Preis von 200 *dīnār*.

Der beste Peridot (*zabarǧad*)[62] ist tiefgrün und im Innern rein. Man unterscheidet hochwertigen (*fāʾiq*) von hergestelltem Peridot, so wie man dies bei den Korunden unterscheidet: durch sein schwereres Gewicht, seinen kalten Geschmack und seine langsame Bearbeitung durch die Feile. Der hergestellte Peridot hingegen ist weich, hat ein leichtes Gewicht, ist warm im Geschmack und schnell mit der Feile zu bearbeiten.

Man behauptet, dass der beste Peridot der funkelnde (*nāḍir*), klare und reine ist. Wenn ein Stück in dieser Qualität ein Gewicht von ½ *miṯqāl* hat, ist es 2.000 *miṯqāl* Gold wert.[63] Der Wert steigt im Verhältnis zu der Größe.

Die Gemme im Ring, der *al-Baḥr* (das Meer) genannt wurde, hatte ein Gewicht von 3 *miṯqāl*. Abū Ǧaʿfar al-Manṣūr erwarb ihn für 30.000 *dīnār*.[64] Der Ring befindet sich heute in den Schatzkammern eines gewissen Kalifen.[65]

Der beste Türkis (*fīrūzaǧ*)[66] ist milchig (*šīrbām*),[67] grün mit hyazinthblauem Schimmer (*aḫḍar āsmānǧūnī*),[68] rein und alt. Der Türkis ist ein Stein, auf den die Feile keine Wirkung hat, und der sich weder im Feuer noch in kochendem Wasser verändert. Der Höchstpreis für eine Gemme aus Türkis, mit einem Gewicht von ½ *miṯqāl*, ist 20 *dīnār*.[69]

Der beste Karneol (*ʿaqīq*)[70] ist der aus dem Jemen (*yamanī*) von intensiv roter Farbe, an dessen Oberfläche man so etwas wie Fäden erkennen kann. Je reiner und glitzernder er ist, desto höher ist sein Preis.

Der beste Granat (*bīğādī*)[71] ist der rote mit sehr tiefer Röte, dessen Farbe funkelt, als wenn in ihm ein Feuer brennen würde. Je härter und größer ein Granat, umso wertvoller und teurer ist er. Der hergestellte Granat ist weich. Man unterscheidet zwischen gutem und minderwertigem Granat, indem man ihn an Federn hält. Je mehr Federn ein Granat an sich zieht, desto besser ist er.[72] Der Höchstpreis für eine hochwertige Granatgemme mit einem Gewicht von ½ *miṯqāl* ist 30 *dīnār*,[73] Der kostbarste Edelstein (*al-ğauhar an-nafīs*) ist unbezahlbar, wegen seines ausgedehnten Glanzes und weil er bei Nacht strahlt.[74]

Der Bergkristall (*billaur*)[75] wird wegen seiner Reinheit und Größe bevorzugt. Das beste Glas (*zuğāğ*)[76] ist das aus reinem, weißem, klarem Bergkristall (*billaurī*) sowie das hochwertige Pharaonenglas (*firʿaunī*).[77]

Der beste Diamant (*almās*)[78] ist kristallartig (*billaurī*), rein, weiß und klar. Danach kommt der rote Diamant.[79] Ein Diamant mit einem Gewicht von ½ *miṯqāl* erzielt einen Preis von 100 *dīnār*.[80] Je größer der Diamant, desto höher ist sein Wert.

Kenntnis von Parfümen, Essenzen und Wohlgerüchen

Man behauptet, dass das beste Adlerholz (*ʿūd*)[81] das unverfälschte aus Mandal[82] in Indien ist. Je härter das Holz, desto hochwertiger ist die Qualität. Die Güte von Adlerholz erkennt man an seinem scharfen und kräftigen Duft.

Es wird behauptet, dass das beste indische Adlerholz sehr schwer ist und deshalb im Wasser zu Boden sinkt. Minderwertiges Adlerholz ist leicht und schwimmt an der Wasseroberfläche. Solch ein leichtes Holz gilt bei ihnen[83] als tot und seelenlos. Es hat einen schwachen Duft. Das schwere Adlerholz hat hervorragende Brenneigenschaften (*ḏakā'*)[84] und einen starken, angenehmen Duft.

Der beste Moschus (*misk*)[85] kommt aus Tibet (*tubbatī*).[86] Er ist sehr trocken und verströmt einen starken Duft. Der schlechteste ist von minderer Qualität (*buddī*).[87] Die geläufigste Methode, um Moschus zu verschneiden, ist ihm Blei (*ānuk*),[88] Castoreum (*ǧand bādastar*),[89] Drachenblut (*damm al-aḫawain*)[90] oder Schwarzkümmel (*siyāh dārū*)[91] zuzusetzen. Moschus ist umso besser, je leichter sein Gewicht und je stärker sein Geruch ist.

Der beste Ambra (*ʿanbar*)[92] ist der graue aus Sumatra (*zābiǧī*).[93] Danach kommen der blaue und der gelbe, ganz zuletzt der minderwertigste (...)[94]

Kenntnis von Stoffen und welche als vorzüglich betrachtet werden

(...) Die besten bestickten (*wašī*)[95] Kleiderstoffe[96] sind jene aus Sābūr[97] und Kūfa,[98] dann die aus Seide (*ibrīsamī*)[99] und jene mit eingewebtem Gold (*muḏahhab mansūǧ*). Darauf folgen der bestickte Stoff aus reinem Leinen aus Alexandria (*iskandarānī*), bestickter Baumwollstoff (*wašī ġazlī*),[100] dann jener seide- und goldfreie Baumwollstoff aus dem Jemen (*yamanī*),[101] denn seine Güte ist höher als die des einfachen Baumwollstoffs (*ġazlī*). Leinen-Seidenstoffe (*ibrīsamī l-kattān*) erreichen nicht den Preis von Baumwolle aus dem Jemen. Ein Kleid aus einfachem Baumwollstoff (*ġazlī*) hat einen Preis von vielleicht 1.000 *dīnār*.

Das beste Pelzwerk (*sinǧāb*)[102] ist aus (dem Bauchteil des) Hermelin(s) (*qāqum*),[103] dann folgt jenes aus dem Rückenteil. Es folgen die

(Hermelinpelzwerke) aus den Regionen um das Kaspische Meer (*ḫazarī*)[104] und um den Aral-See (*ḫwārizmī*).[105] Zuletzt kommt der unverfälschte Pelz aus Hasenflaum (*zaġb al-arnab*).[106]

Der beste Fuchspelz (*ṯaʿlab*) ist der schwarze[107] vom Kaspischen Meer, mit dickem Haar, der nicht durch Färben verfälscht wurde. Dann folgen der weiße, der leicht rote (*mumaṣṣarī*),[108] der rote vom Kaspischen Meer und zuletzt der gelbliche (*ḫulunǧī*)[109] Fuchspelz.

Das beste Hermelin-Pelzwerk ist das mit den meisten Schwänzen (*ḫair al-qāqum akṯaruhā aḏnāban*). Der beste Zobel (*sammūr*)[110] ist der aus China, dann folgt der Zobel vom Kaspischen Meer mit sehr ausgeprägter Schwarzweißfärbung und langem Haar.

Die besten, teuersten und wertvollsten Einrichtungsstoffe (*farš*)[111] sind die aus der Unterwolle von Ziegen hergestellten (*mirʿizzā*),[112] leuchtend karmesinroten (*qirmizī*) aus Armenien.[113]

Ihnen folgen an Wert die Wollseidenstoffe mit Streifen (*ḫazz raqm*).[114] Darauf die einfach bestickten Wollseidenstoffe (*ḫazz quṭūʿ*).[115] Dann kommen die Seidenbrokate (*dībāǧ*)[116] nach kaiserlich-byzantinischer Machart (*ḫusrawānī rūmī*),[117] gefolgt von Wollseiden-Brokaten (*ḫazz mudabbaǧ*) nach der Art von Maisān (*maisānī*).[118] Zuletzt die *Buzyūn*[119] genannten Seidenbrokate. Alle diese Arten von Ware werden durch das Einweben von Gold noch wertvoller und teurer. Und es kommt vor, dass in diese Stoffe Gold eingewebt ist, nur nicht[120] in jene aus Armenien, aus Maisān und in die *Buzyūn*.

Die besten *Buzyūn* sind jene fein gearbeiteten aus Maskā.[121] Ihnen folgen jene mit Streifenmuster (*muḫaṭṭaṭ*), dann die mit glänzenden, münzengleichen Kreisen (*mufallas*),[122] dann die einfarbigen ohne Muster (*sāḏiǧ*), jene mit Rautenmuster (*muʿayyan*)[123] und schließlich die mit Tupfenmuster (*munaqqaṭ*). Ein Übergewand (*ġuffāra*)[124] aus Maskā, fein und sauber gearbeitet, hat einen Wert von ungefähr 50 *dīnār*.

Der *abū qalmūn*[125] gehört zu den kaiserlich-byzantinischen, karmesinroten Teppichen (*zillīya*).[126] Er hat violette Streifen in verschiedenen Rot- und Grüntönen (*ḫuṭūṭ muḫtalifat al-banafsağī fī l-aḥmar wa-l-aḫḍar*). Man behauptet, dass sich die Farben je nach Tageszeit und Sonneneinstrahlung verändern. Sein Wert ist sehr hoch.

Die besten Gewänder (*aksiya*) aus Wolle sind aus Ägypten, gefolgt von den persischen aus Ḫūz.[127] Dann kommen die persischen aus reiner Unterwolle (*mirʿizzā fī mirʿizzā*), wobei die aus Šīrāz besser sind als die aus Isfahān.[128] Bei den Gewändern, die aus einer Mischung von Unterwolle und Seide (*mirʿizzā fī ibrīsam*) bestehen, sind die aus Fasā[129] wertvoller als die aus Ṭabaristān.[130] Zuletzt kommen die Gewänder aus reiner Wolle (*ṣūf fī ṣūf*).

Die besten Umhänge für Kopf und Schultern (*ṭailasān*)[131] kommen aus Rūyān[132] in Ṭabaristān, gefolgt von denen aus Āmil,[133] dann jenen aus Ägypten und schließlich von denen aus Qūmis.[134]

Die besten Filze (*lubūd*)[135] stammen aus China, gefolgt vom roten Filz aus dem Maghreb. Dann kommen der weiße Filz aus Ṭālaqān,[136] der Filz aus Armenien und schließlich der Filz aus Ḫurāsān.[137]

Die besten Leoparden (*numūr*)[138] sind die Berber-Leoparden aus Sābān (*sābānī*).[139] Sie haben von Brust bis Flanke an beiden Seiten ein sehr helles weißes Band (*muwaššaḥ*)[140] und tiefschwarze längliche Tupfen.[141] Die elegantesten (*aẓraf*) Leoparden sind jene, in deren dunklen Tupfen ein kleiner, deutlich zu erkennender schwarzer Punkt hervorschimmert. Sind die schwarzen Tupfen darüber hinaus noch untereinander mit einem leicht dunklen Band (*šaẓīya*)[142] verbunden, macht es sie noch eleganter. Hat der Leopard einen rötlichen Schimmer auf leuchtend weißem Untergrund (*bayāḍ yaqaq*)[143] und pechschwarze Tupfen (*sawād ḥālik*),[144] ist er umso schöner und der Preis umso höher. Die Berber-Leoparden sind klein. Ihr Fell reicht gerade aus, um einen einzigen Sattel zu beziehen. Der höchste Preis, den ihr Fell erzielt, ist 50 *dīnār*. Die Leoparden aus dem Maghreb und aus Indien sind breiter und größer, doch sind ihre Preise nicht überhöht.[145] [146]

Die besten Leoparden sind die mit einer schönen Zeichnung und die beste Baumwolle (*quṭn*)[147] ist die weiße, flauschige, mit nur kleinen Samenkörnern (*aṣ-ṣiġār al-ḥubūb*),[148] deren weiße Farbe zart und rein ist.

Es wird behauptet, dass Kermes (*qirmiz*)[149] ein Kraut sei, an deren Wurzeln ein roter Wurm nistet. Diese Pflanze wächst nur an drei Orten auf der Welt. In Andalusien im Gebiet des Maghrebs, in Rustāq[150] bei Tāram[151] und in Persien.

Die Pflanze und den genauen Ort ihres Wachstums kennt allein eine ausgewählte Gruppe Juden, die damit betraut ist, in jedem zwölften Monat eines persischen Sonnenjahres[152] diese Würmer zu ernten. Dann werden die Würmer getrocknet und dafür benutzt, Seide (*ibrīsam*), Wolle (*ṣūf*) und andere Stoffe zu färben. Die besten Stätten, an denen das Handwerk des Färbens ausgeübt wird, befinden sich im Land Wāsiṭ.[153]

Man behauptet, der Balsam (*balasān*)[154] sei ein Baum, der in Ägypten wächst. Man ritzt ihn im Frühling an, um das von ihm abgesonderte Balsamöl (*duhn al-balasān*)[155] einzusammeln. Außer in Ägypten gibt es diesen Baum sonst nirgendwo auf der Welt.

Die Erdmandel (*ḥabb az-zalam*)[156] wächst im Land Šahrazūr.[157] Man behauptet, dass sie die Potenz steigert.

Die Kermes-Eiche (*qirmāz*)[158] ist ein Baum, der auf Persisch *Panǧkašt*[159] genannt wird. Dieser Baum ist fast nur in der Nähe von Oleander (*diflā*)[160] zu finden. Die Kermes-Eiche bevorzugt jenen Oleander, in dessen Nähe eine Pflanze wächst, die Bezoar (*bāzahr*)[161] genannt wird. Deshalb wird die Kermes-Eiche dort gepflanzt, wo Oleander wächst. Beides (Kermes-Eiche und Oleander) wurde von den Byzantinern (*rūm*) mitgebracht. Doch dies ist eine lange und wundersame Geschichte.[162]

Über Habichte, Wanderfalken, Sperber, Sakerfalken und andere Greifvögel[163]

Die besten Habichtweibchen (*buzā*)[164] sind die hellen,[165] die in der Region zwischen dem Land der Türken und Ǧīlān[166] vorkommen. Dann kommen die rabenschwarzen (*sūd ġurābīya*), die von Ostafrika (*zanǧ*)[167] bis nach Indien und dem Jemen verbreitet sind. Darauf folgen die rötlich schimmernden und zuletzt die dunkelgrauen (*daizaǧ*)[168] Habichtweibchen.

Die besten Wanderfalkenweibchen (*šawāhīn*)[169] sind die schwarzen, die von der Küste stammen (*baḥrīya*). Dann kommen die weißen aus Ǧurǧān (*ǧurǧānīya*).[170]

Auch bei den Sperberweibchen (*bawāšiq*)[171] sind die rabenschwarzen, die von der Küste stammen, die begehrtesten. Dann kommen die weißen aus Indien, darauf die rötlichen von der Küste, mit rotem Bauch und weißen Punkten auf der Brust (*bi-nikāt*).[172] Die besten Sperberweibchen haben eine glänzende Farbe, einen großen Kopf und Augen mit treulosem Blick (*ġādir al-ʿain*) und sind nicht mager. Sie haben breite Nasenlöcher, einen breiten oberen Brustkorb, weichen Flaum, einen langen Schwanz und grüne Läufe, die dicht auf dem Falknerhandschuh (*dastabān*)[173] aufsitzen, und sie sind schwer.[174] Wenn Sperber ein Gewicht von 130 *dirham*[175] haben, ist das das Äußerste.

Man behauptet, dass der Merlin (*yu'yu'*)[176] das Männchen der Sakerfalken (*ṣuqūr*)[177] sei und der Sprinz (*'afṣī*)[178] das Männchen der Sperber. Das Habichtmännchen (*ḏukūrat al-buzā*)[179] hat den Stellenwert eines kleinen Merlins.

Die Perser sagen: Fast nie trifft man auf schöne Reitpferde (*faras*)[180] und Habichte, die erfahren sind. Auch nicht auf solche, die erfahren sind und schön. Kommt jedoch Erfahrung zu Schönheit, ist dies vorzüglich.

Was aus fremden Ländern bezogen wird an seltenen Waren, Gebrauchsgegenständen, Sklavinnen, Steinen und anderes

Aus Indien werden Tiger (*bubūr*),[181] Leoparden, Elefanten (*fiyala*),[182] Leopardenfelle, rote Korunde, weißes Sandelholz (*ṣandal*),[183] Ebenholz (*abnūs*)[184] und Kokosnüsse (*ǧauz al-hind*)[185] bezogen.

Aus China bezieht man Damast-Stahl (*firind*),[186] Seide (*ḥarīr*),[187] Steingut und Töpferware (*ġaḍā'ir*),[188] Papier (*kāġid*),[189] Tinte (*midād*),[190] Pfaue (*ṭawāwīs*),[191] lebhafte Reit-, Zug- und Lastpferde (*barāḏīn furra*),[192] Reitsättel (*surūǧ*),[193] Filze, Zimt (*dāraṣīnī*)[194] und echten römischen Rhabarber (*rāwand ar-rūm*).[195]

Silber- und Goldgeschirr und reine Gold*dīnāre* bezieht man aus Byzanz,[196] auch Heilkräuter (*'aqāqīr*),[197] Buzyūn-Seidenbrokate, Knabensklaven (*utrūr*),[198] Seidenbrokate (*dībāğ*), lebhafte Arbeitspferde (*baradīn furra*), Sklavinnen (*ğawārī*), seltener Alaun (*šabb*),[199] stabile Schlösser (*aqfāl*), Lyren (*lūrā*),[200] Bewässerungsingenieure, Ackerbau- und Pflugspezialisten sowie Marmorkünstler und Eunuchen kommen von dort.

Aus Arabien kommen reinrassige Araberpferde (*ḫail al-ʿirāb*),[201] Strauße (*naʿām*),[202] Araberkamelstuten (*nağāʾib*),[203] Hartholz für Bögen (*qān*)[204] und gegerbte Häute (*adam*).[205]

Aus dem Berberland und dem Gebiet des Maghreb kommen Leoparden, Akazienfrüchte (*qaraẓ*),[206] Filze und schwarze Habichtweibchen (*bāz aswad*).[207]

Aus dem Jemen werden grobe Wollmäntel (*burūd*),[208] gegerbte Häute, Giraffen (*zarāfāt*),[209] Büffel (*ğawāmīs*),[210] Karneole (*ʿaqīq*),[211] Weihrauch (*kundur*),[212] Färberwaid (*ḫiṭr*)[213] und Blätter des Eisenbaumes (*wars*)[214] bezogen.

Aus Ägypten kommen flinke Esel (*ḥumur hamālīǧ*),[215] feine Kleiderstoffe, Papyrus (*qirṭās*),[216] Balsamöl (*duhn al-balasān*)[217] und an Bodenschätzen (*wa mina l-maʿdin*)[218] hochwertiger Peridot.

Aus der Region um das Kaspische Meer kommen Sklaven und Sklavinnen, Panzerhemden (*durūʿ*),[219] eierförmige Eisenhelme (*baiḍāt*)[220] sowie Kettenhauben (-helme) (*maġāfir*).[221]

Aus der Region um den Aral-See kommen Moschus (*misk*),[222] Hermeline, Zobel, Eichhörnchenpelze, Wüstenfüchse (*fanak*)[223] und Kalmus (*qaṣab aṭ-ṭīb*).[224]

Aus Samarkand kommt Papier.

Aus Balḫ[225] und seiner Umgebung kommen süße Trauben (*ʿinab*)[226] und Morcheln (*ġūšana*).[227]

Aus Būšanǧ[228] kommen eingekochte Kapern (*kabar*).[229]

Aus Marw[230] kommen gute Lautenspieler (*ḍarrābūn bi-l-barābiṭ*),[231] Samtteppiche (*ṭanāfis*)[232] und Kleiderstoffe nach dortiger Machart.

Aus Ǧurǧān[233] kommen Brustbeeren (*ʿunnāb*),[234] Fasane (*tadruǧ*), sehr gute Granatapfelkerne (*ḥabb ar-rummān*),[235] weiche Mäntel (*yarmaq*)[236] und gute Seide (*ibrīsam*).[237]

Aus Āmid[238] kommen bestickte Kleiderstoffe, Tücher (*manādīl*),[239] dünne Bettdecken (*maqārim*)[240] und wollene Umhänge für Kopf und Schultern (*ṭayālisa*).

Aus Dabāwand[241] kommen Pfeilspitzen (*nuṣūl as-sihām*).

Aus ar-Rayy[242] kommen Pfirsiche (*ḫauḫ*),[243] Quecksilber (*ziʾbaq*), Mäntel (*yarmaq*), Waffen (*asliḥa*), feine Kleiderstoffe, Kämme (*amšāṭ*), königliche Kappen (*qalānis malakīya*),[244] Qass-Kleiderstoffe (*qassīyāt*)[245] aus Leinen (*kattān*)[246] und Granatäpfel (*rummān*).

Aus Isfahān[247] kommen Honig in Waben (*šahd*),[248] reiner Honig (*ʿasal*),[249] Quitten (*safarǧal*),[250] China-Birnen (*kummaṯrā ṣīnī*),[251] Äpfel (*tuffāḥ*),[252] Salz (*milḥ*), Safran (*zaʿfarān*),[253] Pottaschenpflanzen (*unān*),[254] Bleiweiß (*isfīdāǧ*),[255] Antimon (*kuḥl*),[256] faltbare Liege- und Sitzmöbel (*surur muṭabbaqa*), hochwertige Kleiderstoffe sowie Frucht- und Obstsirupe (*šarāb mina l-fawākih*).

Aus Qūmis kommen Äxte (*fu'ūs*), grobe Kleiderfilze aus Ziegen- oder Eselshaaren (*amsāḥ*),[257] Schirme (*ğitr*)[258] und wollene Umhänge für Kopf und Schultern (*ṭayālisa*).

Aus Karamān[259] kommen Indigo (*nīlağ*)[260] und Kreuzkümmel (*kammūn*).[261]

Aus al-Ğūr[262] kommen Magenmittel (*ğawārišan*)[263] und Flohsamen (*bizr qaṭūnā*).[264]

Aus Barḏaʿa[265] kommen lebhafte Reit- und Lastmaultiere (*biġāl furra*).[266]

Aus Naṣībīn[267] kommt Blei (*raṣāṣ*).[268]

Aus Persien (*fāris*) kommen Leinenkleiderstoffe (*ṯiyāb al-kattān*), aus den Regionen Tawwaz[269] und Sābūr,[270] gleich wie Rosenwasser (*mā' al-ward*),[271] Seerosenöl (*duhn an-nīlūfar*),[272] Jasminöl (*duhn al-yāsmīn*)[273] und Frucht-Sirup (*ašriba*).

Aus Fasā[274] kommen Pistazien (*fustuq*),[275] verschiedene Obstsorten (*aṣnāf al-fawākih*),[276] die seltensten Früchte (*ṭarā'if aṯ-ṯamar*)[277] und Glas (*zuğāğ*).[278]

Aus dem Oman und dem umliegenden Meer kommen Perlen (*lu'lu'*).

Aus Maisān[279] kommen Tagesdecken (*anmāṭ*)[280] und Kissen (*wasā'id*).[281] [282]

Aus al-Ahwāz[283] kommen Zucker (*sukkar*) und Wollseidenbrokate (*dībāğ al-ḫazz*).

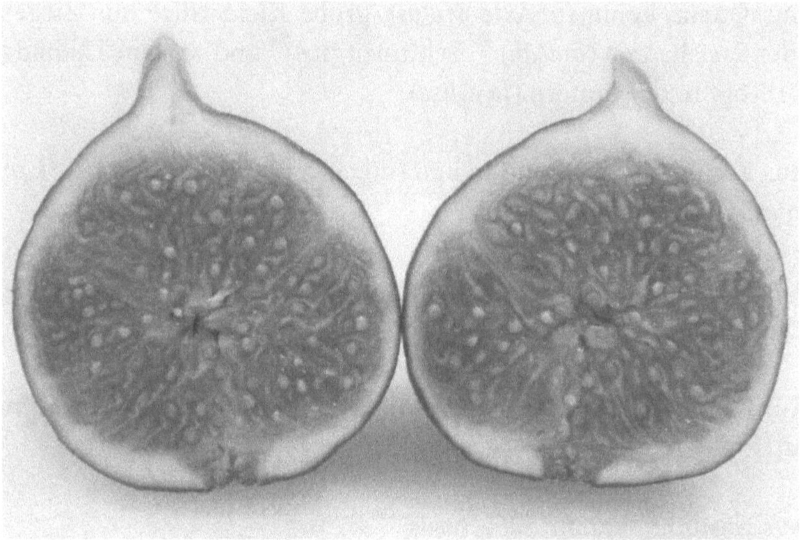

Aus …[284] kommen Zymbalspielerinnen (*ṣannāǧāt*)[285] und Tänzerinnen (*raqqāṣāt*) … sowie verschiedene Arten von Datteln (*tamr*), Dattelsaft (*dibs*)[286] und Kandiszucker (*qand*).[287]

Aus Sūs[288] kommen Zitronen (*utruǧǧ*),[289] Veilchenöl (*duhn al-banafsaǧ*),[290] Basilikum (*šahsafaram*),[291] Pferdedecken (*ǧilāl*)[292] und Packsättel (*barāḏiʿ*).[293]

Aus Mosul[294] kommen Vorhänge (*sutūr*),[295] grobe Stoffe aus Tierhaaren (*musūḥ*),[296] Frankolinhühner (*durrāǧ*)[297] und Wachteln (*sumānā*).[298]

Aus Ḥulwān[299] kommen Granatäpfel, Feigen (*tīn*)[300] sowie Essigfrüchte und -soßen (*kāmaḫ*).[301]

Aus Armenien und Aserbaidjan kommen Filze (*lubūd*), …,[302] Packsättel, Wand- und Einrichtungsstoffe (*farš*), feine Teppiche (*busuṭ ar-riqāq*),[303] Gürtel (*tikak*)[304] und Wolle (*ṣūf*).[305]

Ein weiteres Kapitel

Je weicher, bequemer und leuchtender ein Kleider- oder Einrichtungsstoff ist, umso erlesener ist er; jede Kostbarkeit, ob Juwel oder Edelstein, ist umso wertvoller, je reiner und glänzender sie ist; je wohlgenährter und zahmer ein wildes oder domestiziertes Tier ist, desto prachtvoller und vorzüglicher ist es; jeder Mensch, ob adlig oder aus dem Volk, ist umso schöner, je vernünftiger und umgänglicher er ist; je ruhiger, hübscher, maßvoller im Essen und dankbarer gegenüber den Menschen eine freie Frau oder Sklavin ist, desto ehrbarer ist sie; je vertrauter ein Vogel der Ebene und der Berge ist, umso beliebter ist er; ein erworbener oder ererbter Besitz macht umso glücklicher, je lauterer und prächtiger er ist; je näher einem der Feind ist, ob klein oder groß, desto feindlicher gesinnt und neidvoller ist er; wessen Unterkunft man nicht kennt, vor dessen Nähe sei man auf der Hut.

Reiche währen länger als ihre Herrscher, und Hab und Gut wird aufgeteilt. So begehrt nur, was euch geziemt. Habt Erbarmen mit den Armen und Mitleid mit den Schwachen, dann werdet ihr dafür belohnt. Jede Erfüllung gebiert den nächsten Wunsch. Der beste Schlaf ist jener, der Müdigkeit und Faulheit vertreibt.

Wahrnehmung erfolgt mit den fünf Sinnen. Schönheit und Reinheit einer Sache nimmt man mit den Augen wahr. Ob etwas gut riecht, erfährt man mit der Nase. Mit dem Geschmack erkennt man, ob etwas süß und angenehm ist, und mit dem Ohr, ob ein Klang rein ist. Mit dem Tastsinn erfühlt man, ob etwas weich und glatt ist.

Die Nichtaraber pflegten zu sagen, dass Herz und Auge Partner sind, dass Geschmack und Tastsinn sich ergänzen, dass Klugheit und Gedächtnis[306] zwei Genossen sind und dass Gehör und Sprache sich gerne zueinander gesellen.

Der beste Mensch ist umgänglich, freundlich und bescheiden.

Den bösen Menschen erkennt man an seinem verschlossenen, schlechten Charakter. Seine Gesichtsfarbe ist gelblichblass, auch ohne Krankheit. Er ist flatterhaft und unstet, unempfänglich für jeglichen Spaß und Scherz, welche er verabscheut. Im Gespräch sind seine Worte grobschlächtig und roh.

Einen guten Menschen hingegen erkennt man an seiner Unbeschwertheit und Freundlichkeit. Sein Anblick ist schön und seine Worte angenehm. Die Stirn ist glatt. Er wirkt weder bedrückt noch hastig oder ungeduldig.[307] Späßen und Scherzen ist er nicht abgeneigt und er redet Gutes über die Menschen. Seine Worte sind mild, und er ist ein demütiger Gesprächspartner.

König Sāpūr[308] sagte, dass ein kluger Mensch der Rede von sieben Menschen keine Bedeutung[309] schenken darf: Der Rede des Betrunkenen, des Vermittlers eines Geschäftes (*dallāl*),[310] des Spaßvogels, des Kranken, des Wahrsagers,[311] des Verleumders und der Rede des Vergesslichen.

Hiermit ist das Buch beendet.

Gottes ist die Wohltat und Ihm sei gedankt wie es Ihm gebührt.
Möge Gott Muḥammad und seine Familie segnen
und ihnen Heil schenken allesamt.

Bibliographie

Akfānī	Muḥammad Ibrāhīm b. Sā'id al-Anṣārī as-Sinǧārī al-Akfānī, *Nuḫab aḏ-ḏaḫā'ir fī aḥwāl al-ǧawāhir*, Kairo – Bagdad 1939, Repr. Beirut, 'Ālam al-Kutub 1981
Amṯāl	'Afīf 'Abdarraḥmān, *Qāmūs al-amṯāl al-'arabīya at-turāṯīya*, Beirut, Librairie du Liban 1998
Arab History	Youssef M. Choueiri, *Arab History and the Nation-State – A Study in Modern Arab Historiography 1820-1980*, London, Routledge 1989
Avibus	*Das Falkenbuch Kaiser Friedrichs des Zweiten – De arte venandi cum avibus* – Einführung und erläuternde Beschreibung von C. A. Willemsen, Graz, Akademische Druck- und Verlagsanstalt 1973
Baiṭār	Abū Muḥammad 'Abdallāh b. Aḥmad Ḍiyā'addīn al-Mālaqī b. al-Baiṭār, *Kitāb al-Ǧāmi' li-mufradāt al-adwiya wa-l-aġḏiya*, 4 Bde., Būlāq um 1874
b. Baṭṭūṭa	Šamsaddīn a. 'Abdallāh Muḥammad b. 'Abdallāh b. Baṭṭūṭa aṭ-Ṭanǧī, *Riḥlat b. Baṭṭūṭa al-musammāt Tuḥfat an-nuẓẓār fī ġarā'ib al-amṣār wa-'aǧā'ib al-asfār*, 2 Bde., Muḥammad 'Abdalḫāliq al-Mahdī, Kairo, Maṭba'at al-Azharīya 1928
Beizvögel	al-Ġiṭrīf Qudāma al-Ġassānī, *Die Beizvögel – Kitāb ḍawārī aṭ-ṭair* - Ein arabisches Falknereibuch des 8. Jahrhunderts. Detlef Möller und Francois Viré, Hildesheim – Zürich – New York, Olms 1988
Bīrūnī	Abu r-Raiḥān Muḥammad b. Aḥmad al-Bīrūnī, *Kitāb al-ǧamāhir fī ma'rifat al-ǧawāhir*, Fritz Krenkow, Natural Sciences in Islam Vol. 29, Frankfurt am Main 2001
Caspari	Carl Paul Caspari, *Arabische Grammatik*, 5. Auflage, Halle a.S., Verlag der Buchhandlung des Waisenhauses 1887

Damīrī	Kamāladdīn Muḥammad b. Mūsā ad-Damīrī, *Ḥayāt al-ḥayawān al-kubrā*, 2 Bde. Kairo um 1900
Diem	Werner Diem, *Untersuchung zu Technik und Terminologie der arabisch-islamischen Türschlösser*, in: Der Islam 50.1 (1973) 98-156
Diem W.	Werner Diem, *Schwieriger Verkauf einer Mauleselin*, in: Studien zur Semitistik und Arabistik, Festschrift für Hartmut Bobzin zum 60. Geburtstag, Wiesbaden, Harrassowitz 2008
Dimašqī	Abū l-Faḍl Ǧaʿfar b. ʿAlī ad-Dimašqī, *Kitāb al-išāra ilā maḥāsin at-tiǧāra*, Kairo, Maṭbaʿat al-Muʾayyad, um 1900
Dozy	R. P. A. Dozy, *Dictionnaire détaillé des noms des vêtements chez les arabes*, Amsterdam, Jean Müller, 1845, Repr. Beirut, Librairie du Liban o.J.
EI	P. J. Bearman, Th. Bianquis, C. E. Bosworth, E. van Donzel, W. P. Heinrichs, *The Encyclopaedia of Islam*, 12 Bde., (Bd. 12 = Supplement), Leiden, Brill 2004
Freytag L.	Georg Wilhelm Freytag, *Lexicon arabico-latinum*, 4 Bde., Repr. Beirut, Librairie du Liban 1975
Freytag P.	Georg Wilhelm Freytag, *Arabum proverbia*, 4 Bde., Repr. Osnabrück, Biblio Verlag 1968
Ǧāḥiẓ	Abū ʿUṯmān ʿAmr b. Baḥr al-Ǧāḥiẓ, *al-Ḥayawān*, 7 Bde., ed. ʿAbdassalām M. Hārūn, 3. Aufl. Beirut, Dār Iḥyāʾ at-turāṯ al-ʿarabī 1969
GAL	Carl Brockelmann, *Geschichte der arabischen Litteratur*, 5 Bde., Leiden - New York - Köln, Brill 1996
Ǧiṭrīf	al-Ǧiṭrīf b. Qudāma al-Ġassānī, *The Book on Birds of Prey - Kitāb ḍawārī aṭ-ṭair*, Publications of the Institute for the History of Arabic-Islamic Science Series C: Fascimile Editions Volume 25, Frankfurt am Main 1986
Hinz	Walther Hinz, *Islamische Maße und Gewichte umgerechnet ins metrische System*, Leiden, Brill 1955
ʿIqd	Ibn ʿAbdrabbihī a. ʿUmar Aḥmad b. Muḥammad al-Andalusī, *al-ʿIqd al-farīd*, 7 Bde, Beirut, Dār Iḥyāʾ at-turāṯ al-ʿarabī 1999

Islam	W. M. Watt, M. Marmura, *Der Islam II*, Stuttgart - Berlin - Köln - Mainz, Kohlhammer 1985
Jayakar	A. S. G. Jayakar, *ad-Damīrī's Ḥayāt al-ḥayawān* (*A Zoological Lexicon*). Übersetzt aus dem Arabischen, Bd. I Teile 1-2, London - Bombay 1906, Repr. Natural Sciences in Islam Vol. 9-10, 2001; Bd. II, Teile 1-2, London - Bombay 1908, Repr. Natural Sciences in Islam Vol. 11-12, 2001
Lane	Edward William Lane, *Arabic-English Lexicon*, 8 Bde., London, Williams and Norgate 1863
Lis.	Ǧamaladdīn a. l-Faḍl b. Manẓūr, *Lisān al-ʿarab*, 7 Bde., Beirut, Dar Sader 1997
Lunde	Paul Lunde, *The Book of Animals*, Saudi Aramco World, May/June 1982, 14-19
Maǧmūʿat	*Maǧmūʿat rasāʾil li-muʾallifihā l-maʿrūf bi-l-Ǧāḥiẓ*, Kairo, Maṭbaʿat at-Taqaddum, um 1905
Maqrīzī	Taqīaddīn a. l-ʿAbbās Aḥmad b. ʿAlī al-Maqrīzī, *al-Mawāʿiẓ wa-l-iʿtibār bi-ḏikr al-ḫiṭāṭ wa-l-āṯār*, 6 Bde., London, Al-Furqān Islamic Heritage Foundation 2002-2004
Pellat	Charles Pellat, *Ǧāḥiẓiana I, Le Kitāb al-Tabaṣṣur bi-l-Tiǧāra attribué à Ǧāḥiẓ*, In: Arabica I, S.153-165, 1954
Plants	H. Panda, *Medicinal Plants, cultivation and their use*, New-Delhi, Asia Pacific Business o.J.
Qalqašandī	Šihābaddīn a. l-ʿAbbās Aḥmad b. ʿAlī al-Qalqašandī, *Ṣubḥ al-aʿšā fī ṣināʿat al-inšāʾ*, 14 Bde. Kairo 1913-1918.
Qāmūs	Maǧdaddīn a. ṭ-Ṭāhir Muḥammad b. Yaʿqūb al-Fīrūzābādī, *al-Qāmūs al-muḥīṭ*, Beirut, Al-Resalah 2005
Qazwīnī	Zakarīyāʾ b. Muḥammad b. Maḥmūd al-Qazwīnī, *ʿAǧāʾib al-maḫlūqāt wa-ġarāʾib al-mauǧūdāt*, Ferdinand Wüstenfeld, Göttingen 1849
RAAD	Revue de l'Academie Arabe de Damas, Vol. XII, Mai-Juni, Damaskus 1932; 2. Auflage, Kairo 1935
Ritter	Helmut Ritter, *Ein arabisches Handbuch der Handelswissenschaften*, in: Islam 7.1-2 (1916) 1-92
Schweppe	Helmut Schweppe, *Handbuch der Naturfarbstoffe*,

	Vorkommen, Verwendung, Nachweis, Landsberg am Lech, Ecomed 1993
Serjeant	Robert Bertram Serjeant, *Material for History of Islamic Textiles up to the Mongol Conquest*, in: Ars Islamica 10 (1943) 91-149
Siggel	Alfred Siggel, *Arabisch-Deutsches Wörterbuch der Stoffe aus den drei Naturreichen*, Berlin, Akademie Verlag 1950
Siggel A.	Alfred Siggel, *Decknamen in der arabischen alchemistischen Literatur*, Berlin, Akademie Verlag 1951
Ṣiḥāḥ	Abū Naṣr Ismāʿīl b. Ḥamad al-Ǧauharī, *aṣ-Ṣiḥāḥ; Tāǧ al-luġa wa-ṣiḥāḥ al-ʿarabīya*, 6 Bde., Beirut, Dār al-ʿIlm 1984
b. Sīnā	Abū ʿAlī al-Ḥusain b. ʿAbdallah b. Sīnā, *Kitāb al-qānūn fī-ṭ-ṭibb*, in: Typographia Medicea, Rom 1593
Sontheimer	Joseph von Sontheimer, *Grosse Zusammenstellung über die Kräfte der bekannten einfachen Heil- und Nahrungsmittel von Abu Mohammed Abdallah Ben Ahmed aus Malaga, bekannt unter dem Namen Ebn Baithar*, 2 Bde., Stuttgart, Hallberger'sche Verlagshandlung 1840
Ṯaʿālibī	Abū Manṣūr ʿAbdalmalik b. Muḥammad aṯ-Ṯaʿālibī, *Laṭāʾif al-maʿārif* (Ed. P. De Jong), Leiden, Brill 1867
Ṯimār	Abū Manṣūr ʿAbdalmalik b. Muḥammad aṯ-Ṯaʿālibī, *Ṯimār al-qulūb fī l-muḍāf wa-l-mansūb*, Kairo, Maṭbaʿat aẓ-Ẓāhir 1908
Tāǧ	Murtaḍā b. Muḥammad az-Zabīdī; *Tāǧ al-ʿarūs min ǧawāhir al-qāmūs*, 10 Bde., Beirut, Dar Sader o.J.
Tīfāšī	Šarafaddīn a. l-ʿAbbās Aḥmad b. Yūsuf at-Tīfāšī, *Azhār al-afkār fī ǧawāhir al-aḥǧār*, Muḥammad Yūsuf Ḥasan, Maḥmūd Biyūnī Ḫaffāǧī, Kairo, al-Haiʾa al-miṣrīya al-ʿāmma li-l-kitāb 1977
Wehr	Hans Wehr, *Arabisches Wörterbuch für die Schriftsprache der Gegenwart*, Wiesbaden, Harrassowitz 1985
Weipert	Reinhard Weipert, *Classical Arabic Philology and Poetry, A Bibliographical Handbook of Important Editions from 1960 to 2000*, Leiden - Boston - Köln, Brill 2002 [HdO 1 Vol. 63]

Wensinck	A. J. Wensinck, *Concordance et indices de la tradition musulmane*, 8 Bde., Leiden, Brill 1967
Wiedemann	Eilhard Wiedemann, *Über den Wert von Edelsteinen bei den Muslimen*, in: Der Islam 2 (1911) 345-358
WKAS	*Wörterbuch der klassischen arabischen Sprache*, Bd. I-II (kāf-lām), Wiesbaden, Harrassowitz 1970-2009
Wright	William Wright, *A Grammar of the Arabic Language*, 3. Auflage, Cambridge, University Press 1997
Yāqūt Buldān	Šihābaddīn a. ʿAbdallāh Yāqūt ar-Rūmī, *Muʿǧam al-buldān*, 5 Bde., Beirut, Dar Sader 1977
Yāqūt Udabāʾ	Šihābaddīn a. ʿAbdallāh Yāqūt ar-Rūmī, *Muʿǧam al-udabāʾ*, 7 Bde., Beirut, Dar Sader 1993

Thesaurus deutsch-arabisch

Adlerholz (Aloeholz) - ʿūd
Akazienfrucht - qaraẓ
Alaun - šabb
Ambra - ʿanbar
Antimon - kuḥl
Apfel - tuffāḥ
Axt - faʾs
Balsam - balasān
Balsamöl - duhn al-balasān
Basilikum - šāhsafaram
Baumwolle - quṭn
Bergkristall - billaur
Bettdecke - miqram
Bezoar - bāzahr
Blasebalg - kīr / kūr
Blei - raṣāṣ
Bleiglanz - ānuk, usrub
Bleiweiß - isfīdāğ
Brokat, siehe Seidenbrokat, Seidenbrokat aus Armenien und Seidenwollbrokat
Brustbeere - ʿunnāb
Büffel - ğāmūs
Bibergeil - ğand bādastar
Chinabirne - kummaṯrā ṣīnī
Damaststahl - firind
Datteln - tamr
Dattelsaft - dibs
Diamant - almās
Drachenblut - damm al-aḫawain
Ebenholz - abnūs
Eichhörnchen - sinğāb
Einrichtungsstoff - farš
Eisenbaumblatt - wars
Elefant - fīl

Erdmandel (Tigernuss) - ḥabb az-zalam
Esel - ḥimār
Essigfrüchte - kāmaḫ
Pharaonenglas - zuğāğ firʿaunī
Färberwaid - ḥiṭr
Falknerhandschuh - dastabān
Fasan - tadruğa
Feh, siehe Eichhörnchen
Feige - tīn
Fettschwanz - alya
Filz - libd, siehe auch Kleiderfilz
Flaum - zaġb
Flohsamen - bizr qaṭūna
Frankolinhuhn - durrāğ
Frucht - ṯamar
Fruchtsirup - šarāb
Fuchs - ṯaʿlab
Galenit, siehe Bleiglanz
Gambe, siehe Lyra
Gewand - kisā
Giraffe - zarāfa
Glas - zuğāğ
Gold - ḏahab
Granat - biğādī
Granatapfel - rummān
Granatapfelkörner - ḥabb ar-rummān
Gürtel - tikka
Habicht (weibl.) - bāz
Hacke, siehe Axt
Hase - arnab
Hartholz für Bögen - qān
Heilkräuter - ʿaqqār
Helm (eiförmig) - baiḍa

Hermelin - qāqum
Honig - ʿasal
Honig mit Wabe - šahd
Indigo - nīlağ
Jasmin - yasmīn
Jasminöl - duhn al-yasmīn
Kalmus - qaṣab aṭ-ṭīb
Kamelstute (Araber) - nağība
Kamm - mušṭ
Kampfer - kāfūr
Kandiszucker - qand
Kapern - kabar
Kappe - qulunsuwa
Karneol - ʿaqīq
Kermes - qirmiz
Kermeseiche - qirmāz
Kettenhaube - miġfara
Kissen - wisāda
Kleiderfilz, grob - misḥ
Kleiderstoff - ṯaub
Kleiderstoff aus Baumwolle - ġazlī
Kleiderstoff aus jemenitischer Baumwolle - yamanī
Knochenmark - muḫḫ al-ʿazm
Kokosnuss - ğauz al-hind
Kollyrium, siehe Antimon
Koralle - marğān
Korund - yāqūt
Kreuzkümmel - kammūn
Laute - barbaṭ
Lautenspieler - ḍarrābūn bi-l-barābiṭ
Leinen - kattān
Leinen-Seiden-Stoff - ibrīsamī l-kattān
Leopard - namir
Liege- und Sitzmöbel - sarīr
Lyra - lūrā
Magenmittel - ğawārišan
Mantel aus Wolle - burd
Mantel, weich - yarmaq
Marmor - ruḫām
Maultier - baġl
Merlin - yuʾyuʾ
Morchel - ġūšana
Muster: Münzkreise - mufallas
Muster: uni - sāḏiğ
Muster: Rauten - muʿayyan
Muster: Tupfen - munaqqaṭ
Muster: Streifen - muḫaṭṭaṭ
Moschus - misk
Obst - fawākih
Obstsirup - šarāb min fawākih
Oleander - diflā
Panzerhemd - dirʿ
Papier - kāġid
Papyrus - qirṭās
Peridot - zabarğad
Perle - luʾluʾ (koll.), durra
Perle, klein - marğāna
Pfau - ṭāwūs
Pfeilspitze - naṣl as-sahm
Pferd (Araber-) - ḫail
Pferd (Arbeits-) - birḏaun
Pferd (Reit-) - faras
Pferdedecke - ğulla
Pfirsich - ḫauḫ
Pistazie - fustuq
Pottasche - ušnān
Psyllium, siehe Flohsamen
Quecksilber - ziʾbaq
Quitte - safarğal
Rhabarber - rāwand
Rosenwasser - māʾ al-ward
Safran - zaʿfarān
Sakerfalke - ṣaqr

Salz - milḥ
Salzkraut, siehe Pottasche
Samtteppich - ṭinfisa
Sandelholz - ṣandal
Sattel - sirǧ
Sattel (Pack-) - barḏāʿa
Schirm - ǧitr
Schloss - qufl
Schwarzkümmel - siyāh dārū
Schwefel - kabrīt
Seerosenöl - duhn an-nīlūfar
Seide (Reine) - ibrīsam
Seidenbrokat - dībāǧ
Seidenbrokat aus Armenien - buzyūn
Seidenstoff - harīr
Seidenwollstoff - ḫaz
Seidenwollstoff gestreift - ḫazz raqm
Seidenwollstoff bestickt - ḫazz qutūʿ
Seidenwollbrokat - ḫazz mudabbaǧ
Silber - fiḍḍa
Sirup - šarāb
Sklaven, Knaben - utrūr (koll.)
Sklavin - ǧāriya
Sperber - bāšiq
Sprinz - ʿafṣī
Stoff - bazz
Strauß (Vogel) - naʿāma
Tagesdecke - namaṭ
Tänzerin - raqqāṣa
Tierhaut, gegerbt - adam
Töpferware - ġadāʾir
Trauben - ʿinab
Teppich - bisāṭ, zillīya
Teppich, karmesinrot - abū qalmūn
Tiger - babr
Tinte - midād
Türkis - fīrūzaǧ
Tuch, (Allzwecks-) - mandīl
Übergewand, mantelartig - ġuffāra
Umhang für Kopf u. Schultern - ṭailasān
Unterwolle der Ziege - mirʿizzā
Veilchenöl - duhn al-banafsaǧ
Vorhang - sitr
Wachtel - sumānā
Waffe - silāḥ
Wanderfalke - šāhīn
Wassermelone - biṭṭīḫ
Weihrauch - kundur
Wolle - ṣūf
Würtzried, siehe Kalmus
Wüstenfuchs - fanak
Wurm - dūda
Zimbal - ṣanǧ
Zimt - dāraṣīnī
Zitrone - utruǧǧ
Zobel - sammūr
Zucker - sukkar

Glossar

abnūs, 29: Ebenholz
abū qalmūn, 26: karmesinroter, gestreifter, kaiserlich-byzantinischer Teppich
adam, 30: gegerbte Haut mit Haaren, bzw. Fell
ʿafṣī, 23: Sprinz, männlicher Sperber
almās, 23: Diamant
alya, 20: Fettschwanz des Schafes
ʿanbar, 24: Ambra
ānuk = *usrub*, 24, 58: Galenit, Bleiglanz
ʿaqīq, 22, 30: Karneol
ʿaqqār / *ʿaqāqīr*, 29: Heilkräuter
ʿasal, 32: Honig
babr / *bubūr*, 29: Tiger
baġl / *biġāl*, 33, 68: Maultier. Kreuzung aus Pferd und Esel ohne weitere Unterscheidung
bahramānī, 21, 22, 56: blutroter Korund, Rubin
baiḍa / *baiḍāt*, 31, 65: eiförmiger Eisenhelm
balasān, 27: Balsam
barbaṭ / *barābiṭ*, 31: Laute
barḏāʿa / *barāḏiʿ*, 34: Packsattel
bāšiq / *bawāšiq*, 28: weiblicher Sperber
bāz / *buzā*, 28: weiblicher Habicht
bāzahr, 28: Bezoar. Ein Ball aus Unverdaulichem, z.B. Haare, der bei Greifvögeln oder Felidae nach Verzehr von Beute im Magen gebildet wird. Bei Raubvögeln = Gewölle. Im Altertum wurde ihm magische Bedeutung zugeschrieben. Daher erweiterte Bedeutung: Gegenmittel, Gegengift
bazz, 18: Stoff
bīǧādī, 23: Granat
billaur, 23: Bergkristall
birḏaun / *barāḏīn*, 29: Reit-, Zug- und Lastpferd
bisāṭ / *busuṭ*, 34: Teppich

biṭṭīḫ, 20: Wassermelone
bizr qaṭūnā, 33: Flohsamen, Psyllium
burd / burūd, 30: Mantel aus grober Wolle, kann auch als Decke dienen.
Buzyūn, 25, 29: besonders fein gearbeiteter, mehrfarbiger, gemusterter Seidenbrokat aus Armenien
ḏahab, 18, 19, 21, 22, 24, 25, 29: Gold
damm al-aḫawain, 24: Drachenblut. Rotbraunes bis braunrotes Harz des socotrischen Drachenbaumes *Dracaena cinnabari*. Wurde über die Weihrauchstraße gehandelt.
dāraṣīnī, 29: Zimt
ḍarrābūn bi-l-barābiṭ, 31: Lautenspieler
dastabān, 29: Falknerhandschuh
dībāǧ, 25, 30: Seidenbrokat, bei dem sowohl der Schuss als auch die Kette aus Seide bestehen. Brokate dienen sowohl als Bekleidungs- wie auch als Einrichtungsstoffe.
dibs, 34: Dattelsaft; Saft aus frischen, reifen Datteln
diflā, 28: Oleander
dirʿ / durūʿ, 31: Panzer- bzw. Kettenhemd
dūda, 20, 27: Wurm
duhn al-balasān, 27, 31: Balsamöl
duhn al-banafsaǧ, 34: Veilchenöl
duhn an-nīlūfar, 33: Seerosenöl
duhn al-yāsmīn, 33: Jasminöl
durra, 21: Perle ab einem Gewicht von ½ Miṯqāl, bzw. 2,23 g
durrāǧ / darārīǧ, 34: Frankolinhuhn *Francolinus*. Unterart der Fasane, hauptsächlich in Afrika und Asien verbreitet.
fanak, 31: Wüstenfuchs, Fennek, *Vulpes cerda*
faras, 29: Reitpferd, aber kein Araberpferd
farš, 25, 34: Einrichtungsstoffe. Decken, Vorhänge, Wandteppiche und dergleichen
faʾs / fuʾūs, 33: Axt, Hacke
fawākih, 33: Obst
fiḍḍa, 16, 19: Silber
fīl / fiyala, 29: Elefant
firind, 29: Damaststahl

fīrūzağ, 22: Türkis, der (Halbedel-)Stein
fustuq, 33: Pistazien
ġaḍā'ir, 24: Töpferware
ğāmūs / ğāwāmīs, 30: Büffel
ğand bādastar, 24: Castoreum, Bibergeil, (rauchgetrocknetes) Sekret aus den Drüsensäcken des Bibers
ğāriya / ğawārī, 30, 31, 35: Sklavin
ğawārišan, 33: Magenmittel
ğauz al-hind, 29: Kokosnuss
ġazlī, 24: Baumwollstoff
ğitr, 33: Schirm
ġuffāra, 25, 60: mantelartiges, weites Übergewand
ğulla / ğilāl, 34: Pferdedecke
ġūšana, 31: Morchel
ḥabb al-ʿazīz , siehe *ḥabb az-zalam*
ḥabb ar-rummān, 32: Granatapfelkerne
ḥabb az-zalam, 27: Erdmandel, auch Tigernuss
ḫail al-ʿirāb, 30: reinrassige Araberpferde
ḥarīr, 29: Scidenstoff; vgl. *ibrīsam*
ḫauḫ, 32: Pfirsich
ḫazz, 18: Wollseidenstoff
ḫazz mudabbağ, 25, 33: Wollseidenbrokat
ḫazz raqm, 25: gestreifter Wollseidenstoff
ḫazz quṭū', 25: bestickter Wollseidenstoff
ḥimār / ḥumur, 31: Esel
ḫiṭr, 30: Färberwaid *Isatis tinctoria*. Pflanze, aus der eine Art Indigo gewonnen wird.
ibrīsam, 24, 27, 32: reine Seide, das Material
ibrīsamī l-kattān, 24: Leinen-Seidenstoff
isfīdāğ, 32: Bleiweiß; Weißpigment zum Färben
ʿinab, 31: Trauben (koll.)
kabar, 31: Kapern (koll.)
kabrīt, 18: Schwefel
kāfūr, 20: Kampfer
kāġid, 29: Papier
kāmaḫ, 34: Essigfrüchte, in Essig Eingelegtes; Essigsauce

kammūn, 33: Kreuzkümmel
kattān, 32, 33: Leinen
kīr, kūr, 19: Blasebalg
kisāʾ / aksiya, 26: Gewand
kuḥl, 32: Antimon, silberglänzendes Halbmetall
kummaṯrā ṣīnī, 32: Chinabirne, auch Nashi-Birne, *Pyrus pyrifolia*. Ursprünglich aus China stammende, essbare Frucht, wird wegen ihres Geschmacks auch als Apfel-Birne bezeichnet.
kundur, 30: Weihrauch
libd / lubūd, 14, 26, 29, 30, 33, 34: Filz
luʾluʾ, 19, 21, : Perlen (koll.)
lūrā, 30: Lyra
māʾ al-ward, 33: Rosenwasser
mandīl / manādīl, 32: Tuch zum umhängen, transportieren und ähnlichem
marǧāna, 21: kleine Perle, Koralle
midād, 29: Tinte
miġfara / maġāfir, 31: Kettenhaube
milḥ, 32: Salz
miqram / maqārim, 32: Bettdecke
mirʿizzā, 25: Unterwolle der Ziege
mirʿizzā fī-ibrīsam, 25: (Einrichtungsstoff aus) Unterwolle der Ziege und Seide
mirʿizzā fī-mirʿizzā, 25: (Einrichtungsstoff aus) reiner Unterwolle der Ziege
misḥ / musūḥ und *amsāḥ*, 33, 34: Kleiderfilz aus Ziegen- und Eselshaar, der von Brahmanen, Büßern und christlichen Sklaven getragen wurde.
misk, 24, 31: Moschus
muʿayyan, 25: (Einrichtungsstoff) mit Rautenmuster
mufallas, 25: (Einrichtungsstoff) mit münzgleichem Kreismuster
muḫaṭṭaṭ, 25: (Einrichtungsstoff) mit Streifenmuster
muḫḫ al-ʿaẓm, 20: Knochenmark
munaqqaṭ, 25: (Einrichtungsstoff) mit Tupfenmuster
mušṭ / amšāṭ, 32: Kamm
naʿāma / naʿām, 30: Vogel Strauß

nağība / nağā'ib, 30: reinrassige Araberkamelstute
nīlağ, 33, 65: Echter Indigo *Indigo tinctoria*
namaṭ / anmāṭ, 33: Tagesdecke
namir / numūr, 26, 27, 29, 30: Leopard
naṣl as-sahm / nuṣūl as-sihām, 32: Pfeilspitze
qān, 30: Hartholz für Bögen
qand, 34: Kandiszucker
qāqum, 24, 25, 31: Hermelin
qaraẓ, 30, 65: Akazienfrucht
qaṣab aṭ-ṭīb, 31: Kalmus, *Acorus calamus*
qirmāz, 28: Kermeseiche
qirmiz, 27: Kermes
qirṭās, 31: Papyrus
qufl / aqfāl, 15, 16, 30: Türschloss
qulunsuwa / qalānis, *32*: Kappe, Käppchen oder Kalotte. Kopfbedeckung, die man unter dem Turban trägt.
quṭn, 27: Baumwolle, das Material
raqqāṣa / raqqāṣāt, 34: Tänzerin
raṣāṣ, 24, 33, 58: Blei
rāwand ar-rūm, 29: Römischer Rhabarber
ruḫām, 30: Marmor
rummān, 32: Granatapfel
šabb, 30: Alaun
sāḏiğ, 25: (Stoff) ohne Muster
safarğal, 32: Quitte
šahd, 32: Wabenhonig
šāhīn / šawāhīn, 28: weiblicher Wanderfalke
šahsafaram, 34: Basilikum
sumānā, 34: Wachtel
sammūr, 25, 31: Zobel
ṣandal, 29: Sandelholz
ṣannāğa / ṣannāğāt, 34: Zimbalspielerin
ṣaqr / ṣuqūr, 29: weiblicher Sakerfalke
šarāb / ašriba, *33*: Sirup
šarāb mina l-fawākih, 33: Obst- und Fruchtsirup
sarīr / surur, 33: Liege- und Sitzmöbel

silāḥ / asliḥa, 32: Waffe
sinǧāb / sanāǧib, 31: Feh bzw. Eichhörnchen
sirǧ / surūǧ, 29: Reitsattel
sitr / sutūr, 34: Vorhang
siyāh dārū, 24: Schwarzkümmel
ṣūf, 14, 26, 27, 34: Wolle
ṣūf fī ṣūf, 26: Stoff aus reiner Wolle
sukkar, 33, 34: Zucker
tadruǧa / tadruǧ, 32: Fasan
ṭailasān / ṭayālisa, 26, 32, 33: Umhang für Kopf und Schulter
ṯaʿlab / ṯaʿālib, 25: Fuchs
ṯamar / ṯimār, 33: Frucht
tamr, 34: Datteln (koll.)
ṯaub / ṯiyāb, 33: Kleiderstoff
ṯaub yamanī, 24: Kleiderstoff aus jemenitischer Baumwolle
ṭāwūs / ṭawāwīs, 29: Pfau
tikka / tikak, 34: Gürtel aus Seide oder Musselin, meist bestickt. Zum Heben der Hose, unter der Kleidung getragen.
tīn, 34: Feigen (koll.)
ṭinfisa / ṭanāfis, 32: Samtteppich
ṯiyāb al-kattān, 33: Leinenkleiderstoffe
tuffāḥ, 32: Apfel (koll.)
ʿūd, 23, 24: Adlerholz, auch Aloeholz genannt
ʿunnāb, 32: Brustbeere (koll.)
ušnān, 32: Pottasche
utruǧǧ, 34: Zitrone (koll.)
utrūr, 30: Knabensklave (koll.)
wars, 30: Blätter des Eisenbaums
wisāda / wasāʾid, 33: Kissen
yamanī, 22, 24: Besonderer Bauwollstoff aus dem Jemen
yarmaq, 32: Weiches mantelartiges, langärmeliges Obergewand mit Knöpfen
yāqūt, 21, 22, 29: Korund. Ein relativ häufig vorkommendes Mineral aus der Klasse der Oxide und Hydroxide. Der Oberbegriff Korund umfasst die roten Steine (Rubine), die blauen, braunen, grauen, rosafarbigen, gelben, grünen und violetten

Steine (Saphire) sowie die farblosen Steine (Leukosaphire).

yu'yu', 29: Merlin

zaʿfarān, 32: Safran

zabarǧad, 22, 31: Peridot (Edelstein aus der Klasse der Olivine). Wurde im Mittelalter auf der Insel Zabargad (Zebirget) im Roten Meer gefunden und dort auch abgebaut.

zaġb al-arnab, 25: Hasenflaum

zarāfa / zarāfāt, 30: Giraffe

zi'baq, 32: Quecksilber

zillīya, 26: Teppich

zuǧāǧ, 23, 33: Glas

zuǧāǧ firʿaunī, 23: Pharaonenglas

Bildnachweis

Titelbild Turmfalke, Archiv
Auster/Perle. Foto: Rike/pixelio.de
Bergkristall. Foto: Adolf Riess/pixelio.de
Cochenille-Läuse. Foto: Zyance, CC by SA 2,5
Kermeseiche. Public domain
Sperber. Foto: Kurt Bouda/pixelio.de
Weihrauchbusch. Foto: Dieter Schütz/pixelio.de
Fennek, Wüstenfuchs. Foto: Thomas Ilchmann/pixelio.de
Honigwabe: Foto: gnubier/pixelio.de
Feigen. Foto: pixeline/pixelio.de

Endnoten

1 Revue de l'Academie Arabe de Damas, Vol. XII, Mai-Juni, Damaskus 1932; 2. Auflage, Kairo 1935.

2 Vgl. Lunde, Paul 1982.

3 Zum anderen werden ihm auch Werke fälschlich zugeordnet, wie etwa *al-Maḥāsin wa-l-aḍdād* und *at-Tāǧ fī aḫlāq al-mulūk*; Weipert Nr. 170.

4 Yāqūt Udabā' V 2101; GAL S I 239.

5 EI I 1085a.

6 Eine in Baṣra im 8. Jahrhundert n. Chr. entstandene ‚rationalistische' theologische Schule des Islam; EI VII 783a. Weiterführende Literatur: Islam II 211-256.

7 al-Ma'mūn a. l-ʿAbbās ʿAbdallāh b. Hārūn ar-Rašīd (786-833), siebter Abbasidenkalif; EI VI 331a.

8 GAL S I 239.

9 *Dīwān ar-Rasā'il.*

10 Gelehrter, Dichter und Schachspieler. Er war Gefährte und stand im Dienst einiger Abbasidenkalifen; EI IX 846b.

11 Der Abbasidenkalif regierte nach seinem Bruder al-Wāṯiq und seinem Vater al-Muʿtaṣim bi-llāh; EI VII 777b.

12 Im Folgenden aus dem Französischen übersetzt.

13 Père Anastase al-Karmalī (1866-1947); ein aus Syrien stammender, im Irak wirkender Arabist; Arab History 56.

14 Šihābaddīn a. l-ʿAbbās Aḥmad b. Yūsuf at-Tīfāšī (580-651); GAL I 495. In Weipert 113 Šarafaddīn.

15 Abū ʿAlī Šamsaddīn Muḥammad b. Burhānaddīn Ibrāhīm b. Sāʿid as-Sinǧārī al-Miṣrī al-Akfānī al-Anṣārī as-Saḫāwī (749/1348); GAL II 137; EI XII 381a, Nr.3.

16 Abū r-Raiḥān Muḥammad b. Aḥmad al-Bīrūnī (440/1048); GAL I 475; GAL S I 870; EI I 1236a.

17 Šaiḫ Abū l-Faḍl Ǧaʿfar b. ʿAlī ad-Dimašqī. Nach GAL S I 907 muss er im 5. oder 6. Jahrhundert gelebt haben.

18 Dimašqī 67 erwähnt jedoch kein *at-Tabaṣṣur bi-t-tiǧāra.*

19 Dimašqī 68.

20 Abū Manṣūr ʿAbdalmalik b. Muḥammad aṯ-Ṯaʿālibī (429/1038); GAL S I 499.

21 Wortgleich im Ṯimār 433 (S. 544 Ed. Kairo 1965).

22 GAL S I 244. Wie der Titel *„Traktat über das Lob des Kaufmanns und den Tadel an der Arbeit für den Sultan"* schon vermuten lässt, geht es hier nicht um den Handel, sondern um die Vorzüge, seinen Lebensunterhalt durch Handel zu sichern, und um die Nachteile, einem Sultan zu dienen und sich in dessen Nähe aufzuhalten.

23 Anzumerken bleibt, dass weder al-Ǧāḥiẓ noch *at-Tabaṣṣur bi-t-tiǧāra* in den Schriften von Dimašqī, Bīrūnī, Tīfāšī oder al-Akfānī erwähnt werden.

24 Vgl. oben.

25 Silbermünze, die auf die griechische Drachme zurückgeht. Sie wiegt zwischen 2,83 und 2,97 Gramm; Hinz 2.

26 Dimašqī 26: Stoff aus Wolle und Seide; EI III 209b.

27 Der Herausgeber der Handschrift, Ḥasan Ḥusnī ʿAbdalwahhāb, ist der Ansicht, dass al-Ǧāḥiẓ sich hier wohl selbst meint. Diese Stelle spricht Pellat in seiner Einleitung an.

28 Ibn Sīnā II 276; Bīrūnī 232; Qazwīnī 205; Siggel 80b; Siggel A. 40.

29 Wehr 550a.

30 Ibn Sīnā II 191; Qazwīnī 243; Siggel 86a; Siggel A. 48.

31 Beschreibung der Farben des Goldes fast wörtlich in Ǧāḥiẓ V 95, wobei man ذهن durch ذهب emendieren muss.

32 Wehr 1132a; كور (*kūr*) Siggel 99b.

33 Goldmünze mit einem Gewicht von 4,233 Gramm; Hinz 2.

34 Lis. IV 399a 18f; Lane V 2118b.

35 Ibn Sīnā II 235; Bīrūnī 242; Qazwīnī 206; Siggel 85a; Siggel A. 47.

36 اللُّجين: فلزمه التخليص ما دام في التراب معدنه; Lis. V 480c 8f; WKAS II 257a.

37 Dimašqī 13; Bīrūnī 104-160; EI V 819a; Siggel 66b; Siggel A. 49.

38 Wehr 38a.

39 Ofen für besonders hohe Temperaturen; Siggel 96a.

40 Wörtlich: der Saft; gemeint ist jedoch der Glanz; Dimašqī 13: „[...] der Saft, damit ist der Glanz und die Edelsteinqualität gemeint, das heißt das Strahlen (*al-māʾīya wa-hīya l-wabīṣ wa-l-ǧauharīya wa-hīya l-išrāq*) [...]."

41 Dimašqī 19; b. Sīnā II 189; Siggel 61b; Siggel A. 48.

42 Lies كذلك.

43 Ibn Sīnā II 143; Wehr 94b; Siggel 20b.

44 D.h. ‚sehr rund'. *Tadaḥraǧa*: rollen, kullern ... Wehr 378b. *Mudaḥriǧ* = *mudawwir* = rund; Lis. II 360 c.

45 Vgl. Wiedemann 350: „Man sagt, dass wenn sich zu einer Perle ihre

Schwester gesellt (d.h. wenn man zwei genau gleiche Perlen hat), ihr Preis sich verdoppelt."

46 Der *miṯqāl* hat das kanonische Gewicht von 4,464 Gramm; Hinz 5.

47 Tīfāšī 51: „الجوهر بالجملة الدر الذي هو كبار اللؤلؤ وحبه الصغير الذي لا يمكن ثقبه لصغره" „Überhaupt bezeichnet man mit Edelstein (*ǧauhar*) *durr*, und das sind die großen unter den Perlen, *ḥabb* sind die kleinen (Perlen), in die man kein Loch bohren kann."

48 Vgl. Wiedemann 349: Perle von 1 *miṯqāl* = 1000 *dīnār* (1000 *miṯqāl* Gold).

49 Bīrūnī 150; Lis. VI 510a.

50 Vgl. Wiedemann 349: „Die Jatîma (Waise) hatte ein Gewicht von 3 Miṯqâl. Sie heißt Jatîma, weil man ihre Muschel entfernte, ehe ihr eine Schwester geboren wurde."

51 Der Begriff *marǧān* ist heute jedoch die geläufige Bezeichnung für Koralle; Bīrūnī 137, Dimašqī 17; Qazwīnī 238: „ein Stein, der im Meer wächst und rot ist"; Tīfāšī 178ff beschreibt *marǧān* als Koralle: „... die beste hat ein großes Volumen, ebenmäßige Röhren und ist sehr rot (*aǧwaduhū mā ʿaẓuma ǧirmuhū wa-stawat qaṣabatuhū wa-štaddat ḥumratuhū*)." Auch Akfānī 88 beschreibt *marǧān* als die uns heute bekannte Koralle; vgl. EI VI 556a.

52 Der Oberbegriff Korund umfasst die roten Steine (Rubine), die blauen, braunen, grauen, rosanen, gelben, grünen, violetten Steine (Saphire) und die farblosen Steine (Leukosaphire). Bīrūnī 51; Dimašqī 14; Qazwīnī 241: „der Korund ist ein sehr harter Stein, ..., er ist rot, gelb, grün und blau"; Tīfāšī 60ff; Akfānī 2; EI XI 262a; EI XI 569b; Wiedemann 348-349; Siggel 89b; Siggel A. 54.

53 Vom Persischen بهرامن rot, rubinrot. Nach Lis. I 262c das Rot der Färberdistel / Saflor (*ʿuṣfur*), *Carthamus tinctorius*, also das Rot des färbenden Inhaltsstoffes Saflorkarmin; Schweppe 186.
Bei Dimašqī 14 *bahramānī* vor *rummānī*. Bei Bīrūnī 33 kommt der *bahramānī* nach dem granatapfelroten *rummānī*. „Der wunderbare Bahramānī-Korund kommt aus dieser Gegend (d.h. Ceylon), [...] es gibt ihn in rot, gelb und blau, letzterer heißt dann *nailam*. Es gehört zu ihren Sitten, dass, wenn ein Korund über 100 *fanam* wert ist, er dem Sultan gehört, der dessen Preis bezahlt und ihn behält; was jedoch weniger wert ist, gehört dem Finder. Der Gegenwert von 100 *fanam* sind 6 Gold*dinār*." b. Baṭṭūṭa II 137-138.

54 Bei Wiedemann 348 *wardī*. Bīrūnī 74: „[...] nach den roten (Korunden) kommen die Rosa-Gelben (*al-muwarrad al-aṣfar*)."

55 Vom Persischen آسمان جوني Hyazinth. Dimašqī 14: blauer Korund; Bīrūnī 75: blauer Korund; vgl. Qazwīnī 216.

56 Bīrūnī 32.

57 Die Insel Ceylon / Sri Lanka; Bīrūnī 45; Yāqūt Buldān III 215b; EI IX 38b. Vgl. Wiedemann 348: „Er (d.h. al-Bêrûnî) sagt: Eine Lagerstätte des Jâqût ist auf der Insel *Sīlān* und den ihr gegenüberliegenden Bergen." *Sīlān* ist die arabische Bezeichnung für Ceylon; EI IX 38b; Yāqūt Buldān III 215b und 298b.

58 Dimašqī 14: 1 *miṯqāl bahramānī* = 400 *dīnār*, *rummānī* = 1/4 *bahramānī* und *āsmānǧūnī* = 1/6 *bahramānī*; Bīrūnī 49: „Ein *miṯqāl* von einem makellosen *bahramānī* hat den Preis von 5000 *dīnār*." Wiedemann 348: „Von dem roten hat al bahrmânî folgenden Preis: 1 Miṯqâl: 5000 Dînâr; 1/2 Miṯqâl: 2000 D." In der Fußnote gibt Wiedemann den Miṯqâl mit „etwa 4,5g" an. Nach Hinz 1 *miṯqāl* = 4,464g.

59 Vgl. Fn. 58.

60 Der zweite Abbasidenkalif herrschte von 754 bis 775; EI VI 427a ff.

61 „[...] Angaben über den Wert von Edelsteinen enthält auch die Kosmographie von al Dimaschqî (ed. Mehren Text S. 86 Übers. S. 102), die überhaupt die Mineralogie sehr ausführlich behandelt. Danach wog der rote Jâqût von al Raschîd, mit dem Namen «al Gabal, der Berg» 14½ Miṯqâl und wurde von al Raschîd für 80.000 Dînâre gekauft." Wiedemann 346.
al Râschîd: Hārūn ar-Rašīd, fünfter Abbasidenkalif; er herrschte von 786-809; EI III 232b ff.
al Dimaschqî: ad-Dimašqī, Šamsaddīn a. ʿAbdallāh Muḥammad b. Ibrāhīm (727).
Kosmographie: *Nuḫbat ad-dahr fī ʿaǧāʾib al-barr wa-l-baḥr*, August Mehren, Leipzig 1923; Weipert 24.

62 Bīrūnī 160ff; Dimašqī 15; Tīfāšī 78ff; Akfānī 53; EI XI 570a; Wiedemann 348 Fn. 1 und 351; Siggel 81a. Pellat übersetzt Topaze (Topas).

63 Vgl. Wiedemann 351: „[...] man sagt, dass wenn sein Gewicht ½ Miṯqâl erreicht, sein Preis 2000 Dînâre erreicht."

64 Vgl. Bīrūnī 165: „[...] al-Manṣūr hatte einen Peridot mit einem Gewicht von 2 *miṯqāl*, der *al-Baḥr* genannt wurde, weil er so grün wie das Meer war. Al-Manṣūr kaufte ihn für 40.000 *dīnār*."

65 Damit könnte wohl al-Muʿtaṣim bi-llāh (regierte von 833 bis 842), sein Sohn al-Wāṯiq (reg. von 842 bis 847) oder dessen Bruder al-Mutawakkil (reg. von 847 bis 861) gemeint sein; EI VII 776a und EI VII 777b. Pellat führt diese Stelle (Fn.1, 156) als weiteren Beleg für seine Vorbehalte an.

66 Aus dem Persischen. Bīrūnī 169ff; Dimašqī 16; Tīfāšī 142ff; Akfānī 55; EI VIII 111b; Wiedemann 352; Siggel 85b.

67 Aus dem Persischen. Bīrūnī 170: „Der beste ist der harte, mit satter glänzender Farbe, dann kommt der milchige (*labanī*), der als (*širfām*)

bekannt ist. Man sagt auch, dass der Beste der *širfām* sei, gefolgt vom alten *āsmānǧūnī*"; Wiedemann 352: „Die an Trefflichkeit hervorragendste (Sorte) ihrer Arten ist von gesättigter Farbe, die glänzende, al labnî, dann die unter dem Namen al Schîrfâm (?) bekannte."

68 Bīrūnī 170: „Der Türkis ist ein blauer, harter Stein (*ḥaǧar azraq ṣalb*)"; Tīfāšī 143: „[...] der beste ist der blaue mit reiner Farbe, der glänzt (*aǧwaduhū l-azraq aṣ-ṣāfī l-laun al-mušriq*)"; Wiedemann 352: „Er ist ein blauer Stein."

69 Bīrūnī 170; Wiedemann 352: „Stücke von 5 Drachmen, ihr Wert erreicht 100 Dînâre."
1 Drachme = das Gewicht von 1 *dirham*; Wiedemann Fn. 4 347;
1 *dirham* = 2,97 Gramm; Hinz 2.

70 Bīrūnī 173: „(der Stein), dessen Röte das Gelbe überwiegt, wird roter Karneol genannt. Er ist härter im Innern und höher im Preis. Eine Gemme daraus erreicht einen Preis von 3 *dīnār* und mehr"; Dimašqī 17; Tīfāšī 146ff; Akfānī 85; EI I 336b; Siggel 84b.

71 بيجادي = بيجاذي beide Formen sind belegt. Bīrūnī 88 ff; Tīfāšī 100ff; Akfānī 17; Wiedemann 352; Siggel 77b.

72 Fast wortgleich Bīrūnī 88.

73 Bīrūnī 88: „Der Wert für das Gewicht von 1 *dirham* (Granat) ist 1 *dīnār*"; Wiedemann 352: „Der beste und trefflichste (Granat) ist der aus Ceylon stammende. Der Preis einer Drachme ist 1 Dînâr."

74 Den letzten Satz lässt Pellat aus und setzt ihn in die Fußnoten: „Ici apparaît, dans le texte, une phrase certainement déplacée: ‚La perle (*ǧawhar*) précieuse n'a pas de prix ...'" „Hier erscheint im Text ein Satz, der sicherlich fehl am Platz ist: ‚Die kostbare Perle (*ǧauhar*) hat keinen Preis...'".

75 EI I 1220b. Bīrūnī 181; Qazwīnī 212; Tīfāšī 200ff; Akfānī 63; Siggel 78a.

76 Bīrūnī 221; EI XI 552a. Siggel 81a.

77 Siggel 81b.

78 Bīrūnī 92; Dimašqī 15; Qazwīnī 236; Tīfāšī 104ff; Akfānī 20; EI I 419a; Siggel 77a.

79 Siehe dazu Seite 22 Fn. 3 des Herausgebers: „Nach at-Tīfāšī, *Kitāb Azhār al-Afkār*, gibt es zwei Arten von Diamanten – ölige, ins Gelbe neigende, und kristallartige, ins Weiße neigende. Erstere Art wurde zu jener Zeit als wertvoller erachtet." Vgl. Tīfāšī 106f.

80 Vgl. Wiedemann: „man bestimmt ihr Gewicht nach Drachmen; eine Drachme kleiner Stücke kostet 100 Dînâre; bildet sie ein Stück, 1000 Dînâre."

81 Auch Aloeholz genannt. Dimašqī 20; b. Sīnā II 231; Siggel 54a.

82 In der Provinz Radjastan; EI I 208a und EI II 49b.

83 Gemeint sind wohl die Inder.

84 Lis. II 465c.

85 Siggel 68a.

86 Yāqūt Buldān II, 10a; EI X 577a.

87 Wohl vom persischen بدي für schlechte Qualität.

88 *ānuk* meint *usrub*, aber nicht *raṣāṣ*; Bīrūnī 258; Ṣiḥāḥ IV 1073b; Qāmūs 932a; Lis. I 122b.
ānuk = Schwarzes Blei (black رصاص). Lane I 118b; Lane III 1092a.
ānuk = Weißes, schwarzes oder reines Blei. Freytag L. I 66b.
ānuk = Zinn (Weißblei); Siggel 77a; Siggel A 11; Siggel A. 18.
ānuk = Blei oder Zinn; Siggel A. 35.
usrub = الاسرب يتولد كالرصاص وهو صنف ردئ منه *usrub* entsteht wie Blei, ist jedoch eine schlechte Qualität davon"; Qazwīnī I 208.
usrub = Plumbago (Galenit, Bleiglanz, bzw. Blei(II)-Sulfid); EI V 112b; EI V 867a; EI VII 199b.
usrub = Schwarzes Blei; Dimašqī 29.
usrub = Blei (Schwarzblei); Siggel 76b; Siggel A. 18.

89 بادستر جند / جند بيدستر Persisch. b. Sīnā II 151; Damīrī I 196; Jayakar II-2 481; Freytag L. 313b. Bibergeil, Sekret aus den Drüsensäcken des Bibers; Siggel 26b.

90 Persisch. b. Sīnā II 160; Wehr 403b. Rotbraunes bis braunrotes Harz des Drachenbaumes (*Dracaena cinnabari*); Siggel 35b.

91 Persisch; wörtlich: schwarze Arznei. *Nigella Sativa*; Plants 345.
سياه دارو = سياداوران = *Vitis silvestris*, wilde Weinrebe?! Siggel 44a.
Pellat übersetzt die Fußnote des Herausgebers: Gomme de noix de Syrie (Pistazien-Harz). Schwarzkümmel = Nigelle.

92 Dimašqī 19; Qazwīnī; EI I 484a; Siggel 53b; Siggel A. 46.

93 Yāqūt Buldān III 124b; EI I 930a, EI IV 626b, EI V 108a und EI V 939a. Java: EI II 352a und EI IX 97b.
Fußnote des Herausgebers: „Nach Pater Anastas al-Karmalī, in dessen Aufsatz in Maǧallat al-Ǧamʿ al-ʿIlmī ad-Dimašqī 1339, S. 232, handelt es sich um das bei den Arabern als *Zābiǧ* bekannte Land um die Inselgruppe Sumatra, Borneo und Java."

94 Einschub des Herausgebers: „Ab hier ist ein ganzes Blatt mit dreißig Zeilen unleserlich. In der siebzehnten Zeile ist die Überschrift in roter Tinte lesbar: ‚Kapitel über Stoffe und welche davon vorzüglich sind'."

95 Qāmūs 1343a; Lis. VI 447b; EI 737b; Serjeant 72.

96 ثوب في ist vom Herausgeber zwischen Klammern ergänzt.

97 Provinz in Persien; EI I 954b. *Ṯaub sābirī*; Ṯimār 540.

98 Stadt im heutigen Irak, am Euphrat gelegen; EI V 345b.

99 ابريسمي. Aus dem Persischen ابريشم. Hier ist die reine Seide gemeint, im Gegensatz zum Seidenstoff *ḥarīr* (حرير); Qāmūs 374b, 1079; Lis. I 192b, II 58b; b. Sīnā II 136; Lane I 188a, II 539c; EI III 209b.

100 الغزلي konnte nur noch einmal belegt werden: فتبلغ العمامة من الذهب خمس مائة دينار سوى الحرير و الغزل „so kostet ein Turban aus Gold 500 *dīnār*, soviel wie (einer aus) Seide oder (aus) *ġazl*"; Maqrizī I 613. Dass es sich hierbei um Baumwollstoff handelt, belegt die folgende Fußnote.

101 Buḫārī *ǧanā'iz* 18, 23, 24, 94: أن رسول الله صلعم كفن في ثلاثة أثواب يمانية „[...] dass der Gesandte Gottes in drei jemenitischen Kleidern begraben wurde"; Wensinck I 312. Aḥmad b. Hanbal 6, 204: كفن في ثلاثة أثواب بيض يمانية كُرْسُف يعني قطنا „Er wurde in drei Kleidern aus weißer, jemenitischer Baumwolle begraben"; Wensinck V 434.

102 Ǧāḥiẓ scheint Eichhörnchen / Feh als Oberbegriff für kleinere Pelztiere zu benutzen, im Gegensatz zu dem größeren Fuchspelz; Ǧāḥiẓ V 484; Damīrī II 30; Jayakar II.1.1. 82; EI II 816b.

103 Persisch. Dozy 359 Fn. c; Ǧāḥiẓ V 484; Damīrī II 207; EI II 775b; EI II 817a. b. Baṭṭūṭa I 218 schreibt über seine Reise ins Land der Finsternis (Polarkreis): „Sie (die Händler) finden dort Zobel-, Feh- und Hermelinpelze. [...] Der beste unter den Pelzen (*firā'*) ist der des Hermelins. Ein Hermelinpelz kostet in Indien 1.000 *dīnār*, was in unserer Währung (gemeint ist der Maghreb) 250 *dīnār* entspricht."

104 EI I 931a.

105 EI I 931a; EI I 1236a.

106 Ǧāḥiẓ V 483, VI 351ff; Damīrī I 19; Jayakar I.1. 41.

107 Ǧāḥiẓ VI 305: „*wa laisa fī l-wabr aġlā mina ṯ-ṯa'lab al-aswad*". Damīrī I 159; Jayakar I.1. 377; EI X 432b.

108 Emend. ممصري = محصري (*mumaṣṣar:* mit rotem Ton gefärbt; von leichter roter Farbe); Qāmūs 475b; Lis. VI 62c.

109 خلنجي von خلنجان Galgant; Wehr 362a.

110 Ǧāḥiẓ VI 32: „[...] wenn ich etwas über den Zobel [...] wüsste, hätte ich es genannt". Damīrī II 30; Jayakar II.1.1. 80; EI II 775b; EI II 817a.

111 EI V 1158a; Serjeant 72.

112 Emend. مرعزّى = مرعزي ; Qāmūs 512a; Lis. III 86a; Lane III 1106a; EI II 681a; Serjeant 80; b. Baṭṭūṭa I 150: „Dann kamen wir in die Stadt *Māridīn* (Yāqūt V 39a) [...], dort werden die Kleider gefertigt, die nach ihr benannt sind und aus der Wolle gemacht werden, die *mir'izzā* genannt wird." Vgl. auch Ǧāḥiẓ V 483.

113 الفرش القرمز الارمنيّ ; Maqrīzī I 648. Taqīaddīn a. l-'Abbās Aḥmad b. 'Alī al-Maqrīzī (766-845) GAL II 38.

114 Lis. II 249c; Lis. III 108c; EI III 209b; EI VII 15a; EI X 535a; Serjeant 73.

115 Vgl. Lis. V 285c.

116 Dimašqī 25: „Es gibt verschiedene Arten davon (*dībāǧ*). Einen, den man für die Bekleidung braucht, und einen, den man zum Aufhängen und Bedecken benötigt“; Maqrīzī II 590: فنُصب له مَضْرَبُ ديباج رومي فيه ألف ثوب „[...] ihm wurde ein Zelt aus byzantinischem Seidenbrokat aufgestellt, in dem tausend Gewänder waren“; Maqrīzī IV 1008 erwähnt Kleider aus Seidenbrokat (*ṯiyāb ad-dībāǧ*); Dozy 113 Fn. 9 beschreibt *dībāǧ* als Stoff, bei dem sowohl der Schuss als auch die Kette aus Seide sind; Serjeant 72 Fn. 9 übersetzt *dībāǧ* durchgehend mit Brokat.

117 رومي خسرواني. Persisch: *ḫusrawānī* kaiserlich.

118 Region am Tigris, im Südosten des Iraks; Yāqūt Buldān V 242b; EI VI 918b.

119 *Buzyūn* wird als sehr fein gearbeiteter, schwerer, mehrfarbiger, gemusterter Seidenbrokat aus Armenien beschrieben; Tāğ IX 139; EI I 645b; EI II 681a.

120 *illā* ist zu ergänzen.

121 Region in der Nähe der persischen Provinz Kirman; Yāqūt Buldān V 128b; EI V 147a.

122 Qāmūs 564a; Lis. V 156b. Tāğ IV 210; Lane VI 2440c.

123 Lis. IV 481b; Lane V 2218c; Wehr 904b.

124 Dozy 317 ff.; Auf Seite 318 schreibt Dozy: “Nowairi raconte ... بعث مع الكتاب غفارة ريدافرنس الى الامير جمال الدين فلبسها و هي اسقلاط احمر تحته سنجاب و فيها شكل بكلة ذهب„ und übersetzt: „er schickte zusammen mit dem Schreiben die *ġuffāra* des Königs von Frankreich dem Amīr Ǧamāladdīn. Dieser bekleidete sich damit. Sie war aus scharlachrotem Stoff gemacht, mit Eichhörnchenpelz gefüttert und hatte eine Figur mit einer goldenen Rose.“ Emend.: lies *bukla*, also Schnalle statt Figur. Maqrīzī I 604: وبعث مع الكتاب غفارة الملك فرنسيس فلبسها الامير جمال الدين بن يغمور وهي اشكرلاط احمر بفرو سنجاب

Wie schon Dozy vermutet, dürfte es sich bei der *ġuffāra* (nicht zu verwechseln mit *ġifāra*) um eine Art weites Übergewand, bzw. Mantel handeln.

125 Tāğ IX 31; Maqrīzī II 378.

126 زلية ist بساط (*bisāṭ*); Qāmūs 1010b; Lis. III 196a; Tāğ VII 359; Lane III 1242c.

127 Ḫūzistān (Khuzistan), Provinz im Südwesten Persiens; EI V 80a.

128 Širaz; EI IX 472b. Isfahan; EI IV 97a. Städte in Persien.

129 Stadt in Persien; EI II 823b.

130 Historische Region im Norden Persiens, zwischen dem Südufer des Kaspischen Meeres und dem Elburz-Gebirge gelegen; EI X 18b.

131 Dozy 278; Siehe auch Dozy 254.

132 Provinz am Kaspischen Meer; EI VIII 650b.

133 Stadt in Ṭabaristān, berühmt für ihre Gebetsteppiche; Tāǧ VII 214.

134 Stadt in Ṭabaristān; Yāqūt Buldān IV 414b.

135 Dimašqī 27; Lis. V 470b.

136 Ein Ort in Persien; EI X 157a.

137 Provinz in Persien; EI V 55b.

138 Ǧāḥiẓ VI 408; Damīrī II 317; EI II 738b, VII 947b. Leopard = Panther.

139 Region im Maghreb; Lis. III 241b; Tāǧ IX 230.

140 Lis. VI 444b; vgl. طرّة Lis. IV 167a; Lane V 1843.

141 Pellat: „[...] longues taches rappelant le plumage d'un étourneau (?) (*sābānī*)" „[...] lange Tupfen, die an das Gefieder des Vogel Star erinnern (?) (sābānī)."

142 Lis. III 438c.

143 Lis. VI 519a.

144 Lis. II 141a.

145 لا يبلغان في الثمن ولا يرتفعان übersetzt Pellat: „[...] elles n'atteignent pas un grand prix et ne sont pas de qualité supérieure" „[...] sie erzielen keinen großen Preis und sind nicht von hoher Qualität."

146 Der ganze Absatz ist wortgetreu in den Artikel „NAMIR and NIMR" in die EI übernommen; EI VII 948b.

147 Dimašqī 24; b. Sīnā II 248; Siggel 60a.

148 Pellat schreibt: „moelleux, aux grains ..." und setzt in die Fußnote: „Texte: *al-ṣuʿār*, que nous ne comprenons pas." „Text: *al-ṣuʿār*, was wir nicht verstehen."

149 Kermes: roter Farbstoff oder die mit rotem Saft gefüllten Eier und Hüllen der Kermesschildlaus, die auf der im Mittelmeergebiet verbreiteten Kermeseiche lebt; Schweppe 255ff. EI I 645b:„[...] Der Kermes ist eine Art purpurliefernder Wurm [...] Ardašāt, einige Kilometer von Dabīl entfernt, war so berühmt für seine Färberkunst, dass al-Balāḏurī sie „Stadt des Kermes" nannte." (Al-Balāḏurī ist einer der bekanntesten, arabischen Historiker des neunten Jahrhunderts n. Chr.; EI I 971b. Dabīl = Dwin, Stadt in Armenien; EI II 678a.); Siggel 59a; Siggel A. 47.

150 Provinz in Aserbaidjan; EI I 188b. Von Pellat ausgelassen.

151 Region an der äußersten Grenze Persiens; Yāqūt Buldān II 6b; EI X 311a, Ṭārum 1.

152 اسفندارمذ ماه = اسفندارمز ماه. Persisch. Der zwölfte Monat des

persischen Sonnenjahres entspricht dem Zeitraum zwischen dem 20. Februar und 20. März des gregorianischen Kalenders.

153 Wāsiṭ: Stadt im Südosten Iraks; Yāqūt Buldān V 348a; EI III 1252a; EI XI 165b.
Ibn Baṭṭūṭa I 114, schildert Wāsiṭ als Stadt mit vielen Gärten und Bäumen, in der sich viele Korangelehrte und vorzügliche Koranleser aufhalten. Auch befand sich in Wāsiṭ eine riesige Koranschule mit ungefähr 300 Unterkünften für Studierende aus aller Welt.

154 Qazwīnī 249; Siggel 21b.

155 Zu *duhn* = Öl vgl. Lane III 926c.

156 *Cyperus esculentus* Äthiopischer Pfeffer. Heute besser bekannt als *ḥabb al-ʿazīz*; b. Sīnā II 178; Qāmūs 1118b und Fn. 3; Siggel 27b.

157 Ausgedehnte Provinz zwischen Arbil und Hamaḏān (beides Orte in Kurdistan); Yāqūt Buldān III 146b; EI V 438b.

158 Siehe oben Kermes / Karmin.

159 پنجکشت = بنجکشت Persisch. Baum, der nur alle fünf Jahre Früchte trägt.

160 Ibn Sīnā II 158; Qazwīnī 283; EI IV 335B; EI VII 935b; EI IX 872a; Siggel 35b.

161 بازهر = فازهر (Persisch für Gegengift پازهر). Bezoar bzw. Magenstein; Bīrūnī 200ff; Qazwīnī 231; Tīfāšī 117ff; EI I 1155b; EI III 30a; EI VIII 542b; Siggel 77a.

162 Eine Erklärung des Autors hierzu fehlt.

163 Dieses Kapitel steht am Ende der Edition, noch nach der Schlussformel. Der Herausgeber gibt dazu keine Erklärung ab. Man muss wohl vermuten, dass es sich um eine lose Seite handelte, die unbedacht ans Ende des Corpus der Handschrift geraten ist. Geht man jedoch davon aus, dass diese Seite tatsächlich zum Corpus gehört, was durch deren Inhalt bekräftigt wird, so dürfte sie ihren Platz etwa an dieser Stelle des Textes gehabt haben.

164 Ǧāḥiẓ I 113, III 186; Damīrī I 99; Ġiṭrīf 3, 5, 11; Jayakar I.1 227; Lane I 201b; EI I 1152b; *Bāz* ist die Bezeichnung des weiblichen Habichts; Beizvögel 244. Pellat übersetzt: Faucons (Falken). Habicht = Autour.

165 Vgl. Beizvögel 72 und Fn. 4.

166 Stadt in Ṭabaristān; Yāqūt Buldān II 201b; EI VII 497b.

167 EI XI 444b ff.

168 Aus Persisch دیزه; Lis. II 382c; Tāğ II 42.

169 Ǧāḥiẓ II 188, VI 478; Damīrī II 42; Ġiṭrīf 11ff; Jayakar II 1.1. 117; EI I 1153a. Avibus 22. *Šāhīn* ist die Bezeichnung des weiblichen Wanderfalken; Beizvögel 262. Pellat übersetzt: Gerfaut (Gerfalke). Wanderfalke = Faucon pèlerin.

170 Das alte Hyrcania war im Süden und Südosten des Kaspischen Meeres gelegen; EI II 1141a. Bei den Griechen hieß die Kaspi-See Hyrkanisches Meer.

171 Ǧāḥiẓ II 188, III 180; Damīrī I 100; Jayakar I.1.1. 230; Lane I 209; EI I 1153a. *Bāšaq / Bāšiq* ist die Bezeichnung des weiblichen Sperbers; Beizvögel 244.

172 Emend. بنكات = بيكانات. Wenn man das gepunktete Muster als Bänder bezeichnet, stimmt diese Beschreibung mit der Beschreibung des Federkleids von Habichten bei Ġiṭrīf 24 überein: الرئس الى الذنب خطة سوداء „[...] vom Kopf bis zum Schwanz schwarze Bänder"; vgl. Beizvögel 79. Ġiṭrīf 28: الصدر غليظ خطوطها „[...] dicke Bänder auf der Brust"; vgl. Beizvögel 82.

173 EI I 1152b.

174 Vgl. mit der Beschreibung des Habichtweibchens Beizvögel 82ff.: „[...] klare Pupillen, [...], geschmeidige Federn, [...], festes Fleisch, breit auseinander stehende Schultern, [...], grüne Läufe, [...], Gewichtigkeit beim Tragen [...]" sowie der Beschreibung des Sakerfalken in Beizvögel 93: „[...] rostrote Färbung, ein mächtiges Haupt, große Augen, ein gut entwickelter Schnabel, [...], eine weite Brust, [...], kurze Läufe, wodurch er dicht auf dem Block aufsitzt".

175 Laut Herausgeber ohne Angabe von Maßeinheit in der Handschrift. Hier wäre *dirham* zu ergänzen, was ein Gewicht von knapp 380 Gramm ergibt.

176 Ǧāḥiẓ III 182, VI 478; Damīrī II 355; EI I 1153a. *Yuʾyuʾ* ist die Bezeichnung des männlichen Merlinfalken; Beizvögel 268.

177 Ǧāḥiẓ II 187, VI 478; Damīrī II 56; Jayakar I 1.1. 159; EI I 1153a; Avibus 22. *Ṣaqr* ist die Bezeichnung des weiblichen Sakerfalken; Beizvögel 25-28, 263.

178 Der Herausgeber erklärt: العفصي طائر صغير اشتق اسمه من لونه „[...] *ʿafṣī* ist ein kleiner Vogel, dessen Namen von seiner Farbe herrührt." *ʿAfṣī* ist die Bezeichnung des männlichen Sperbers, Sprinz; Beizvögel 240. Bleibt unübersetzt bei Pellat.

179 Allgemein sind die weiblichen Greifvögel beliebter und haben einen höheren Wert, so auch das Habichtweibchen; Beizvögel 82.

180 Ǧāḥiẓ I 272-277; Damīrī II 182; Jayakar II 1.2. 522; EI II 784b.

181 Ǧāḥiẓ VI 11, 408; Damīrī I 103; Jayakar I.1.1. 237; EI II 738b; EI VII 947b.

182 Ǧāḥiẓ VII 119, 131, 170; Damīrī II 197; Jayakar II.1.2. 567; EI II 892b.

183 Dimašqī 20; b. Sīnā II 241; EI IX 9a; Siggel 48b.

184 Ibn Sīnā II 134; Qazwīnī 247; EI I 3a; Siggel 11a.

185 Siggel 27b.

186 Lis. V 124c; EI V 971b ff.; EI VIII 236b; Siggel 85a. Pellat übersetzt: Aromates (Gewürze). Damaststahl = Acier de Damas.

187 EI III 209b; Siggel 28b.

188 Ibn Baṭṭūṭa II 159; Lis. V 40c; EI IX 647a; Siggel 85a.

189 Dimašqī 24; EI IV 419b.

190 EI VI 1031b; Siggel 88a.

191 Ǧāḥiẓ V 150, 473, VII 186; Damīrī II 76; Jayakar II.1.1. 222; EI X 396a.

192 Ǧāḥiẓ VII 176; Damīrī I 109; Jayakar I.1. 452; Lis. I 189a; EI II 784b; EI IV 1143a. Nach Diem W. 60: Reit- und Lasttiere generell.
Nach Qalqašandī II 14: „Die zweite Gattung (*ṣinf*) (der Pferde) sind die Nicht-Araber (*al-ʿağmīyāt*), das sind die *baraḏīn*, die auch die Flinken (*al-hamālīğ*) genannt werden."

193 EI IX 51a.

194 Emend. الدراصيني =الدارصيني ; b. Sīnā II 156; Dimašqī 23; Siggel 34a.

195 Emend. ادارند = الراوند *Rheum barbarum*; Lane III 1185b; *Rheum palmatum*; Siggel 37b.

196 Siehe dazu die Übersetzungsvariante in der Einleitung. Caesarea; EI IV 838b.

197 Dimašqī 33; EI I 751b; Siggel 53a; Siggel A. 45.

198 Emend. أبرون = أترور; Lis. I 299b. Keine andere Lesart ergibt auch nur annähernd einen Sinn. Bei Freytag L. I 75a: أيرون = *Sulphur luteum* (gelber Schwefel); Baiṭār II 43: „[...] حي العالم (*ḥayy al-ʿālam*) auch أيرون (*airūn*) genannt [...]", was nach Sontheimer I 341 *Sempervivum arboreum* (Hauswurze) ist; Baiṭār III 105: „[...] طيلاقيون (*ṭīlāqyūn*) [...], manche nennen es auch أيرون (*airūn*) [...]", was nach Sontheimer II 164 *Cerinthe minor* (kleine Wachsblume) ist; auch أبيرون (*abīrūn*) ein Heilmittel nach b. Sīnā III 370 passt an dieser Stelle nicht.

199 Ibn Sīnā II 258; EI V 705b; Lane IV 1493bff; Siggel 45a; Siggel A. 42. Pellat übersetzt: Ustensiles rares en cuivre rouge (Seltene Gerätschaften aus rotem / reinem Kupfer). Alaun = Alaune.

200 EI V 234a.

201 Ǧāḥiẓ V 458, VII 76; Damīrī I 280; Jayakar I.2. 715; EI IV 1143a.
Die Nisba *ʿirābī* ist reinrassigen arabischen Pferden und Kamelen vorbehalten, dies zur Unterscheidung von anderen Pferde-, bzw. Kamelrassen. Für Menschen gilt die Nisba *ʿarabī;* Lis. IV 291.

202 Ǧāḥiẓ I 30, 147; Damīrī II 310; EI VII 828a.

203 Ǧāḥiẓ III 145; Lis. VI 138c -13.

204 Ein Baum aus den Bergen der Tihāma, aus dessen Holz Bögen gefertigt werden; Lis. V 356b. Tihāma: Küstenebene im Südwesten der arabischen Halbinsel, am Roten Meer; EI X 481a.

205 Felle bzw. gegerbte Häute, an denen noch die Haare sind.

206 Qaraẓ (*Acacia nilotica*) wird zum Färben von gegerbten Häuten benutzt; Lis. V 237b; Freytag P. I 378; Wehr 1018a; EI VIII 706a und 1042b; Amṯāl 220; Siggel 59a.

207 Pellat übersetzt: Faucons (Falken).

208 Dozy 62ff.

209 Ǧāḥiẓ V 151, VII 241; Damīrī II 5; Jayakar II.1.1. 8; EI XI 457b.

210 Ǧāḥiẓ I 152, II 182; Damīrī I 167; Jayakar I.2. 399; EI XII 242b. Der Herausgeber: كذا بالأصل ولا أخالها الا الجواشن ... وهو الدرع من حديد „so steht es da, doch ich glaube, dass es nur *ǧawāšin* sein kann [...], das ist ein Panzerhemd aus Eisen). Pellat übernimmt die Übersetzung *cuirasse* (Harnisch).

211 EI I 336a; Siggel 84b.

212 EI V 786a; Siggel 64b.

213 *Isatis tinctoria*, Pflanze, aus der eine Art Indigo gewonnen wird. Nicht mit dem echten Indigo *Indigo tinctoria* zu verwechseln; EI V 699b; EI VIII 37b; Siggel 33a, 73a, 73b; Schweppe 296.

214 *Memecylon tinctorium*; b. Sīnā II 165; EI XI 152a; Schweppe 541; Siggel 73b. Pellat übersetzt: Curcuma (Kurkuma).

215 حمر هماليج, حمار هملاج. Ǧāḥiẓ II 182, V 484; Damīrī I 216; Jayakar I.2. 536; EI III 393b. هملاج; Lis. VI 357a.

216 EI V 173b.

217 Siggel 21b.

218 Lis. IV 278b; Lane V 1977a. Pellat übersetzt: de ses mines (aus seinen Minen).

219 Qalqašandī II 142 „*ad-dir*ʿ ist ein langes Obergewand aus Kettengliedern gewebt (*ǧubba min zarad mansūǧ*), das der Krieger trägt um sich vor Schwertern und Pfeilen zu schützen“; EI V 733b; Wehr 387a.

220 Qalqašandī II 142: „*al-baiḍa* ist ein Gerät aus Eisen, das man auf den Kopf setzt um ihn vor Schlägen zu schützen; (dieser Helm) hat jedoch nichts, was Nacken und Ohren schützt“; EI V 735a.

221 Qalqašandī II 142: „(es) ist (ein Helm) wie *al-baiḍa*, nur dass an ihm Teile sind, die Nacken und Ohren des Trägers schützen. An manchen (Helmen) sind auch Teile, die die Nase schützen. Diese (schützenden) Teile können aus Kettengliedern bestehen.“; EI V 735a.

222 Siggel 68a.

223 EI II 775a.

224 Lane VII 2529c. Auch bekannt als *waǧǧ*, bzw. *ʿūd al-waǧǧ*. Siggel 73a. Pellat übersetzt: Canne à sucre très douce (sehr süßes Zuckerrohr). Kalmus = Acore odorant.

225 Eine wichtige Stadt in Ḫurasān an der Seidenstraße gelegen (heute Nord-Afghanistan); Yāqūt Buldān I 479b; EI I 1000b. In der Antike war sie die Hauptstadt der Provinz Baktrien. Heute ist sie ein Vorort von Mazār i-Šarīf.

226 Ibn Sīnā II 235; Siggel 53b.

227 Emend. غوشنّة = فوشنّة. Morchel (*Helvella*). b. Sīnā II 279: „Eine Art Trüffel oder Pilz, der getrocknet wird und sich dann zusammenzieht wie ein Knorpel. Seine Form ist die eines Bechers"; bei Siggel 55b *Lycoperdon* (Sträubling), bzw. *Gastromycetes* (Bauchpilz). Morchel ist wohl am plausibelsten; bis heute ist Afghanistan einer der Großexporteure dieses Pilzes. Pellat übersetzt: Champignons (Pilze).

228 Stadt in Mittelpersien; EI I 1342b.

229 Siggel 62a.

230 Stadt im Nordosten Persiens; EI VI 618a.

231 Lane I 179c.

232 Dimašqī 27; Lane V 1886a; Wehr 787b.

233 Das alte Hyrcania im Süden und Südosten des Kaspischen Meeres; Yāqūt Buldān II 119b; EI II 1141a. Bei den Griechen hieß die Kaspi-See das Hyrkanische Meer.

234 Jujube, Brustbeere (*Zizyphus jujuba*); b. Sīnā II 231; Siggel 53b.

235 b. Sīnā II 254; Qazwīnī 254; Siggel 38b.

236 يرمق siehe قباء. Lis. VI 514a; Tāğ VII 98. قباء: Langärmeliges Obergewand mit Knöpfen. Lane VIII 2984c; Dozy 352.

237 Dimašqī 25.

238 Hauptstadt der Provinz Diyār Bakr in der heutigen Türkei; Yāqūt Buldān I 56a; EI II 343b. Āmid ist der syrisch-aramäische Name der Gegend, die nach der Einwanderung des arabischen Stammes der *Bakr* Dyar-i Bekr, Land der Bekr, genannt wurde. Dieser Name ging dann auf die Stadt über. Die Türkei benannte die Stadt und die Provinz Mitte des 20. Jh. in Dyarbakır (Land des Kupfers) um.

239 Großes Tuch, das man, je nachdem, als Taschentuch, Kopftuch, Turban, Schal, Gürtel oder zum Einschlagen und Transportieren von Sachen benutzen konnte. Dozy 414ff; Serjeant 77. In seiner Reisebeschreibung nach Ostafrika schreibt b. Baṭṭūṭa I 163: „Ich war dabei, als ihm (dem Sultan von Kilwa; Yāqūt IV 478a) [...] einer der Armen entgegentrat und zu ihm sprach: „[...] gib mir die Kleider, die du an dir trägst." [...], da nahm er (der Arme) die Kleider und verschnürte sie in ein Tuch (*mandīl*), setzte es auf seinen Kopf und ging davon."

240 Lis. V 243b; Qāmūs 1148a; Wehr 1020a. Pellat übersetzt: Rideaux (Vorhänge).

241 Ein Dorf zwischen Ṭabaristān und ar-Rayy gelegen; Yāqūt Buldān II 436b.

242 Stadt südl. des heutigen Teheran. Hauptstadt des antiken Reiches Medien; EI VIII 471a.

243 Siggel 33b. Pellat übersetzt: Prunes (Pflaumen).

244 Kappe, Käppchen oder Kalotte. Kopfbedeckung, die man unter dem Turban trägt; Dozy 365ff; EI V 734b.

245 Eine Art sehr hochwertiger, bunter Kleiderstoff mit Anteilen von Seide, benannt nach der Stadt Qass in Indien (?) bzw. Ägypten (?). Yāqūt Buldān IV 346b. Qāmūs 566; vgl. Wensinck V 377b.

246 Dimašqī 24; Qazwīnī 294.

247 Stadt in Persien; EI IV 97a.

248 EI VII 906b.

249 Dimašqī 32; Siggel 52a.

250 Lane IV 1372a; EI VII 142a; Siggel 42a.

251 Lane VII 2630a; WKAS I 350. Chinabirne, evtl. Nashi *pyrus pyrifolia.*

252 Siggel 23b.

253 Siggel 40a.

254 Die zur Herstellung benötigte Salzkrautpflanze; Qazwīnī 272; Wehr 27b; Siggel 14b.

255 Ibn Sīnā II 134. Wehr 25b.

256 EI V 111b; EI V 356a; Wehr 1090a; Siggel 62b; Siggel A. 48; WKAS I 73b.

257 Lis. VI 52b; EI IX 676a. Nach Dozy 405 ein Stoff, der von Brahmanen, Büßern und christlichen Sklaven getragen wurde. Pellat übersetzt: Feutres de selle (Sattelfilz).

258 چتّر = جتّر Persisch; EI VII 191b; EI IX 12a.

259 Eine ausgedehnte Region zwischen Persien, Makrān (Belutschistan; EI VI 192a und EI I 1005a), Siǧistān und Ḫurāsān; EI IX 681b.

260 *Indigo tinctoria*; b. Sīnā II 214; EI V 699b; EI VIII 37b; Siggel 71b; Schweppe 282ff

261 Siggel 64a.

262 Fīrūzābād im Bezirk Šahristān; EI II 925b.

263 Ein zusammengesetztes Heilmittel, das den Magen stärkt; Tāǧ I 409b; Baiṭār I 112; b. Sīnā III 368.

264 Flohsamen *Psyllium.* Auch unter *bizr-ḏuraqa* (wörtlich Kotsamen), bzw. *al-asfīyūs* bekannt; Lis. V 288b; b. Sīnā II 142; Siggel 20a, 60a; Siggel A. 47.

265 Ein Bezirk in Aserbaidjan; Yāqūt Buldān I 379a.

266 *Baġl* als Oberbegriff für Maultier, bzw. Maulesel, meint die Kreuzung zwischen Pferden und Eseln ohne weitere Unterscheidung. Diem W. 59.

Wie man Arbeitstiere auf ihre Güte prüft, vgl. Dimašqī 37 *al-qaul fī l-ḫail wa-l-biġāl wa-l-ḥamīr wa-l-ibil.*

267 Eine Stadt in Mesopotamien (heute türk. Provinz Mardin) an der Karawanenstraße zwischen Mosul und Syrien; Yāqūt Buldān V 288a.

268 Ibn Sīnā II 254; EI V 963b; Siggel 81a; Siggel A. 40.

269 wörtlich: aus der Stadt Tawwaz stammend. Yāqūt Buldān II 56a (siehe Tawwağ, توّج); EI IX 310b; EI X 398b. Vgl. Serjeant 84.

270 wörtlich: aus der Stadt Šāpūr (arabisch Sābūr) stammend. Sie liegt auf dem Weg von Širāz zum Meer; Yāqūt Buldān III 167b; EI IX 309b.

271 Ibn Sīnā II 164; Siggel 66b.

272 Ibn Sīnā II 215; Qazwīnī 317 (لينوفار); Siggel 71b.

273 Ibn Sīnā II 188; Siggel 74a.

274 Pasā ist die Hauptstadt von Šahristān; EI II 823b.

275 Ibn Sīnā II 240; Siggel 56a.

276 Pellat übersetzt: Fruits secs (Trockenobst).

277 Pellat übersetzt: Fruits frais (Frische Früchte).

278 Ibn Sīna II 168; Siggel 81a.

279 Provinz im Südosten des Irak, an der heutigen Grenze zum Iran. Hauptstadt ist Al-Amarah.

280 Qāmūs 690b; Lis. VI 260b; Serjeant 78 Carpets.

281 Wehr 1397a.

282 Dieser Satz ist von Pellat ausgelassen.

283 Stadt in Ḫūzistān, einer Provinz im Südwesten des Iran am nördlichen Ufer des Persischen Golfs; EI V 802a und EI I 305b. Nach Serjeant 71 wurde in der Stadt al-Ahwāz selbst nichts hergestellt, sondern sie diente lediglich als Warensammelplatz für den Weitertransport.

284 Laut Herausgeber unleserlich in der Handschrift.

285 Wehr 727b; EI IX 9b.

286 Saft aus frischen, reifen Datteln; Lis. II 354b; Qāmūs 543; Tāğ IV 145; Lane III 848c; Siggel 34b; Siggel A. 39. Durch Kochen eingedickter Traubensaft; Wehr 376b; EI II 1062b; EI III 400b. Pellat übersetzt rob de raisins (Eingedickter Traubensaft).

287 Siggel 61a.

288 Stadt in Ḫūzistān; EI IX 898a.

289 Qazwīnī 248; Siggel 11.

290 Siggel 22a.

291 شاهسپرغم = شاه سبرم und شاه اسپرغم Persisch Basilikum *Ocimum basilicum.* Arabisch شاهسفرم, bzw. شاهسبرم; Siggel 45a.

292 Qāmūs 978b; EI II 952b.

293 Qāmūs 702b und 538b; Wehr 79b.

294 Stadt im Norden des Irak; EI VI 899a. Am Ufer des Tigris gelegen, zweitgrößte Stadt des Irak.

295 Serjeant 77.

296 Zu *masḥ*, *amsāḥ* und *musūḥ* siehe Lis. VI 52b und Wright I, 234 §307.

297 *Francolinus*; b. Sīnā II 162; Wehr 384b; Siggel 35a. Unterart der Fasane, lebt hauptsächlich in Afrika und Asien.

298 Wehr 600b; Siggel 43a.

299 Ḥelwān, Stadt südlich von Kairo; EI III 572a. Früher Kurort, heute Industriestadt.

300 Siggel 24b.

301 Wehr 1119a; Siggel 61b.

302 Laut Herausgeber unleserlich in der Handschrift.

303 Lis. I 208a; Qāmūs 659a; Lane I 204b.

304 Gürtel aus Seide oder Musselin, meist bestickt, der zum Heben der Hose unter der Kleidung getragen wird; Lane 310b; Dozy 95ff; EI II 681a; EI V 741a; EI IX 676b

305 b. Sīnā II 243.

306 Emend. حفظ = حفص.

307 Emend. على قلق = علق قلق.

308 Šāpūr (Sāpūr) Name zweier vorislamischer Könige der persischen Sassanidendynastie: Sapur I, (241-272 n. Chr.), Sapur II, (309-379 n. Chr.); EI IX 309a.

309 Emend. hier ist eher بقول للعاقل أن لا يَعْتَدَّ zu lesen, anstatt للعاقل أن يَعْتَدَّ. Siehe dazu Lis. IV 273a sowie die Bedeutung von لا يعتد به bei Lane V 1969c und Wehr 816b.

310 Lis. II 407c; Wehr 401b.

311 Emend. عرّاف = عرّاق.

Bei Fragen zur Produktsicherheit wenden Sie sich bitte an:
If you have any questions regarding product safety,
please contact:

Walter de Gruyter GmbH
Genthiner Straße 13
10785 Berlin
productsafety@degruyterbrill.com